Lingua GEM

100

Luciano Amaral Oliveira

# CRÍTICA à análise CRÍTICA do discurso

parábola

Direção: Andréia Custódio
Edição de texto: Marcos Marcionilo
Revisão: Thiago Zilio Passerini
Capa e diagramação: Telma Custódio

**CIP-BRASIL. CATALOGAÇÃO NA FONTE**
**SINDICATO NACIONAL DOS EDITORES DE LIVROS, RJ**

O48c

Oliveira, Luciano Amaral, 1964-
Crítica à análise crítica do discurso / Luciano Amaral Oliveira. - 1. ed. - São Paulo : Parábola, 2023.
136 p. ; 23 cm. (Lingua[gem] ; 100)

Inclui bibliografia
ISBN 978-85-7934-307-0

1. Análise crítica do discurso. I. Título. II. Série.

23-84564 CDD: 401.41
CDU: 81'42

Meri Gleice Rodrigues de Souza - Bibliotecária - CRB-7/6439

Direitos reservados à
**PARÁBOLA EDITORIAL**
Rua Dr. Mário Vicente, 394 - Ipiranga
04270-000 São Paulo, SP
pabx: [11] 5061-9262 | 5061-8075 | fax: [11] 2589-9263
home page: www.parabolaeditorial.com.br
e-mail: parabola@parabolaeditorial.com.br



ISBN: 978-85-7934-307-0 (papel)
978-85-7934-308-7 (e-book)

Então, temos um conceito muito em voga e, ao mesmo tempo, extremamente incerto: difundido por todos os cantos, mas de maneira muito superficial. Sendo céticos mais uma vez, poderíamos dizer que o discurso é algo sobre o qual todos estão falando, mas sem terem nenhuma certeza, sem saberem exatamente o que ele é: está em voga e é vago. A ignorância e o apelo popular sempre foram uma mistura inebriante e perigosa.

HENRY WIDDOWSON

Diferentemente de outras áreas acadêmicas de conhecimento, a ACD não nega, mas, isto sim, define e defende explicitamente sua própria posição sociopolítica. Em outras palavras, a ACD é tendenciosa — e se orgulha disso.

TEUN A. VAN DIJK

O arcabouço pode ser saudável, o método parece promissor, mas, na prática, muitas das pesquisas em ACD têm profundas falhas metodológicas.

RUTH BREEZE

[illegible]

Diferentemente de outros textos acadêmicos [illegible] conhecimento [illegible] da sociedade explicitamente [illegible] outras culturas [illegible] [illegible]

O trabalho pode ser [illegible] o mundo [illegible] [illegible] das pesquisas [illegible] [illegible]

Para Luciana,
companheira de alma e de nome

# Sumário

# Introdução

NO FINAL DE 2009, tive o primeiro contato — tardio, é verdade — com as ideias dos proponentes da análise crítica do discurso. Uma delas, de imediato, chamou minha atenção: a pesquisa politicamente engajada. Segundo Ruth Wodak e Michael Meyer (2009), os pesquisadores dessa área de conhecimento tentam deixar claros seus próprios interesses e posições políticas sem abandonar o rigor necessário à realização de suas investigações.

Achei aquilo interessante e fiquei tentado a conhecer um pouco mais da área por conta de seu engajamento político. Afinal, sempre ouço falar da (suposta) não neutralidade nas pesquisas científicas, da lenga-lenga positivista segundo a qual quem faz pesquisa é tão neutro que se apaga, sendo uma evidência do apagamento o uso da 3ª pessoa do discurso em artigos, dissertações e teses.

Fiquei curioso, e algumas questões começaram a vir à minha cabeça. Por exemplo, o engajamento político assumido em uma pesquisa pode interferir não apenas na escolha dos objetos de investigação, mas também em sua análise e interpretação? Qual a razão de chamarem essa forma de analisar o discurso de "crítica"? E, principalmente, o que é discurso?

O nome da área de estudos causa certa dificuldade: no Brasil, há quem prefira traduzir o termo *critical discourse analysis* como *análise de discurso crítica* e usar a sigla ADC. Mas essa tradução não me parecia a mais adequada pelo fato de o termo *análise de discurso* e sua sigla, AD, remeterem, quase automaticamente, à análise de discurso francesa (pêcheuxtiana ou de base materialista). Considerei mais adequado traduzir o termo oriundo do inglês desta forma: *análise crítica do discurso*, à qual me referirei usando o acrônimo ACD. Resolvi seguir, assim, a mesma lógica de alguns grupos bakhtinianos no Brasil, que nomearam seu campo de estudos de *análise dialógica do discurso* em vez de *análise do discurso dialógica*.

Li a versão brasileira de *Discourse and Social Change*, de Norman Fairclough, o único de seus livros traduzido para o português e fonte da intensificação do interesse pela ACD no Brasil. Fairclough é o mais emblemático teórico dessa área de conhecimento, como lembra Edward Haig (2011): quando os críticos comentam a ACD, eles geralmente parecem ter em mente o trabalho desse autor.

A leitura do livro me deixou com muitas dúvidas e inquietações. Por isso, decidi ler também outros textos de Fairclough, inéditos em português, e de outros teóricos, como Teun A. Van Dijk, organizador de três coletâneas traduzidas para o português; Wodak, que tem um artigo em português publicado no Brasil; Meyer e Gunther Kress. Li também livros e artigos com críticas duríssimas à ACD.

A partir dessas leituras, com a perspectiva faircloughiana em mente e seguindo os princípios metodológicos apresentados por Van Dijk, examinei alguns textos como o Gênesis, artigos de duas revistas semanais brasileiras de grande circulação e postagens em redes sociais. Tinha como foco problematizar questões relacionadas a desigualdades analisando o discurso patriarcal, o discurso heteronormativo, o discurso racista e o discurso de ódio aos pobres. Essas foram minhas tentativas de colocar a ACD em prática. Meu engajamento político estava explícito nas escolhas temáticas. No entanto, eu estava muito inseguro em relação a três coisas.

A primeira era exatamente esse engajamento: ele teria me levado a escolher textos que, inconscientemente, eu já sabia de antemão conterem discursos reforçadores de desigualdades e de preconceitos? Afinal, o Gênesis é sabidamente atravessado pelo discurso patriarcal e as revistas *Veja* e *Época* são notoriamente conservadoras e porta-vozes dos grupos dominantes no Brasil. Eu teria escolhido os objetos de investigação de maneira tendenciosa apenas para confirmar minhas crenças político-ideológicas?

A segunda era o fato de eu não ter feito uma pesquisa etnográfica. Isso me levou a questionar: outras pessoas interpretariam os textos da mesma forma que eu? Haveria outros sentidos possíveis ali, que eu não vira ou ignorara? Informalmente, eu verificava isso levando os textos para minhas aulas, a fim de analisá-los com os alunos. Mas não seriam suas interpretações semelhantes às minhas, por influência de minha presença?

A terceira coisa era o conceito de discurso. Sim, discurso... Eu não conseguia chegar a uma definição satisfatória desse conceito a partir dos textos dos teóricos da ACD que eu havia lido até então, embora continuasse a trabalhar com ele. O incômodo era grande.

A inquietação, o incômodo e a insegurança me travaram. Então, parei tudo o que estava fazendo em torno da análise crítica do discurso para pensar essas questões. A ACD, definitivamente, não estava me convencendo.

Hoje, passados vários anos desde meu primeiro contato com a área, sigo com algumas inquietações e poucas certezas. Por essa razão, escolhi escrever esta *Crítica à análise crítica do discurso* para compartilhar tais inquietações e incertezas com quem se interessa pelo campo de estudos.

O objetivo é contribuir com reflexões sobre questões conceituais e metodológicas fundantes, que envolvem e atravessam esse modo de fazer análise do discurso. Afinal, os livros publicados no Brasil sobre a ACD tendem a apresentar uma retomada resumida dos princípios teóricos e metodológicos da ACD faircloughiana e uma ou outra breve análise de textos ou de trechos de textos a partir desses princípios. Dessa forma, na contramão dessa tendência, minha contribuição se dá por meio de um exercício crítico aplicável, talvez, a todas as vertentes metodológicas da ACD, por elas estarem estreitamente relacionadas entre si mediante os mesmos pressupostos básicos, objetivos gerais e pano de fundo teórico. Para isso, trago as vozes de teóricos que examinaram criticamente a ACD, apontaram inconsistências, limitações e desconfianças das quais quem decide realizar análises críticas de discursos precisa ter consciência. Para tentar cumprir esse objetivo, dividi o livro em três capítulos, além da introdução e da conclusão.

O primeiro capítulo, "(In)definição de discurso: a fetichização de um conceito", se detém sobre um dos conceitos basilares da ACD. Nele discuto as definições de discurso apresentadas por Fairclough em *Discourse and Social Change*[1], e em outros livros e artigos, para evidenciar o uso inconsistente do conceito. Em seguida, abordo as definições de discurso apresentadas por Van Dijk, igualmente questionáveis e, às vezes, confusas. Incidentalmente, recorro a outras vozes para substanciar minhas reflexões. Defendo a necessidade de os conceitos teóricos apresentarem definições operacionais claras e precisas e sugiro a adoção de um conceito operacional de discurso proposto por Michel Foucault. Por causa dessa defesa, fui alertado por um colega a respeito do risco de eu ser chamado de neopositivista por patrulhas acadêmicas. Encaro o risco e sigo em frente.

Dedico o segundo capítulo, "O emblemático termo *crítica*", ao C da ACD. Ele é que a diferenciaria das outras formas de análise do discurso, tendo o termo *crítica* três acepções: uma relacionada ao neomarxismo e as outras relacionadas à produção de sentidos e à interpretação de

[1] Preferi consultar o texto original em inglês e fiz as traduções dos trechos citados ao longo deste livro. Também são minhas as traduções dos trechos de outros livros e artigos citados.

dados. Apresento as limitações encontradas pela ACD para atingir os objetivos propostos na sua agenda emancipadora, mostrando as limitações do seu engajamento político. Além disso, discuto o comportamento, talvez autossuficiente, de teóricos da ACD diante dos leitores não analistas do discurso. Finalmente, abordo as desconfianças causadas pelo enviesamento inevitável provocado pelo engajamento político quando se trata de teóricos.

No terceiro capítulo, "Três questões metodológicas incontornáveis", discuto três pontos imprescindíveis para a pesquisa em ACD. Uma delas diz respeito à definição e à delimitação do contexto no qual se inserem os textos analisados. Esse é um dos pontos metodológicos mais vulneráveis, pois, geralmente, praticantes da ACD tratam o contexto de forma superficial, mesmo sendo ele importantíssimo para a interpretação textual. A segunda questão diz respeito ao aporte etnográfico necessário para a construção do contexto e, consequentemente, para a interpretação textual. A interdisciplinaridade é o foco da última questão, pois ela é considerada essencial para a análise crítica do discurso. Contudo, não há um consenso entre os teóricos quanto ao conceito de interdisciplinaridade.

Deixo aqui meus agradecimentos a Marcos Marcionilo pela leitura atenciosa, pela revisão rigorosa e pelos comentários valiosos.

Espero, com este livro, contribuir para as reflexões e discussões sobre a análise crítica do discurso.

LUCIANO AMARAL OLIVEIRA
Salvador, setembro de 2023

1

# (IN)definição de *discurso*

## A FETICHIZAÇÃO DE UM CONCEITO

A MODA É UM FENÔMENO CURIOSO. Não mais limitada ao vestuário, mobiliário ou arquitetura, a ideia de moda atravessa todas as esferas da sociedade, desde o universo de animais de estimação e o meio musical até o mundo acadêmico.

Lembro-me do pequinês. Essa raça estava na moda no Brasil na década de 1970 e na seguinte. Perdeu seu posto para o *poodle* e para o *cocker spaniel* nos anos 1990. Hoje a preferência recai sobre o buldogue francês, o *shih-tzu* e o spitz alemão. Nos anos 1980, o *pop rock* imperava no cenário musical brasileiro, atualmente dominado pelo sertanejo, pelo *funk* e pelo pagode.

Nos institutos de Letras, houve um tempo no qual muito se falava e se escrevia sobre Chomsky e sobre conceitos como recursividade, estrutura profunda, estrutura superficial, regras transformacionais, vestígio e X-barra. Essa época já passou. Hoje não há mais uma moda com o mesmo grau de alcance da moda chomskyana, mas se fala e se escreve com certa frequência sobre outros teóricos, como Fairclough, Beaugrande, Dressler, Bakhtin, Street, Bazerman, Chartier, e sobre outros conceitos, como multimodalidade, gênero textual, textualidade, letramento e discurso.

Há algum problema nos modismos acadêmicos? Em tese, não! Mas existe o risco de eles levarem um conceito a se tornar confuso e até inútil se for usado sem rigor e com muita frequência, apenas por estar na moda.

É o caso de *discurso*. Nunca se usou tanto esse termo, jamais se falou tanto sobre o conceito de discurso como nos últimos anos. A consequência conceitual disso não escapou aos olhos de Wodak e Meyer (2009; 2-3):

> [...] discurso significa qualquer coisa, desde um monumento histórico, um *lieu de mémoire*, uma política, uma estratégia política, narrativas em sentido amplo ou restrito, um texto, uma conversa, um discurso e conversas relacionadas a um tópico, até a própria língua. Encontramos noções como discurso racista, discurso de gênero, discursos sobre (des)emprego, discurso da mídia, discurso populista, discursos do passado e muito mais — expandindo, assim, o significado de *discurso* desde um gênero até um registro ou estilo, desde um prédio até um programa político.

As palavras de Wodak e Meyer revelam uma situação preocupante em torno desse conceito. Afinal, a multiplicidade de definições de um conceito teórico pode levar ao seu estilhaçamento. É o que vemos acontecer aqui com o conceito de discurso.

Evidências dessa multiplicidade de definições não faltam. Vejamos alguns exemplos retirados de textos sobre análise do discurso:

(a) "O discurso é, em suma, uma prática em meio a outras tantas práticas, formado com regras anônimas, históricas, determinadas no tempo e no espaço, que definem para uma dada época e para uma dada área social, econômica, geográfica ou linguística, as condições de exercício da função enunciativa" (Araújo, 2004: 232-233).

(b) "[...] o discurso é esse conjunto regular de fatos linguísticos em determinado nível, e polêmicos e estratégicos em outro" (Fernandes, 2012: 18, citando Foucault).

(c) "Segundo o interesse desta obra, concebemos o discurso como um lugar de intermediação entre a língua e a fala" (Guimarães, 2012: 87).

(d) "O discurso é entendido, aqui, como um tipo de sentido — um efeito de sentido, uma posição, uma ideologia — que se materializa na língua, embora não mantenha uma relação biunívoca com recursos de expressão da língua" (Possenti, 2009: 18).

(e) "Discursos são conhecimentos socialmente construídos (de algum aspecto) da realidade" (Kress; Van Leeuwen, 2010: 4).

(f) "*Discurso* é tomado para se referir a textos autênticos usados em ambientes multicamadas para realizar funções sociais" (Mautner, 2009: 123-124; grifo da autora).

(g) "*Discursos* são maneiras semióticas de se construírem aspectos do mundo (físico, social ou mental), que podem geralmente ser identificados com posições diferentes ou perspectivas de diferentes grupos de atores sociais" (Fairclough, 2009: 164; grifo do autor).

(h) "Em termos bem simplificados, entendemos 'discurso' como 'texto' em contexto [...]" (Wodak; Weiss, 2005: 127).

Só por esses oito exemplos, é possível perceber a multiplicidade de definições de discurso:

(a) uma prática;
(b) um conjunto de fatos linguísticos;
(c) um lugar de intermediação entre a língua e a fala;
(d) um tipo de sentido;

(e) uma posição;
(f) uma ideologia;
(g) conhecimento socialmente construído;
(h) textos autênticos;
(i) maneira semiótica de construção de aspectos do mundo;
(j) texto em contexto.

Se formos ler outros textos sobre análise do discurso, muito provavelmente, encontraremos outras definições. Ora, o número de definições, por si mesmo, não é um problema. Problemáticas são as próprias definições, pelo fato de se confundirem com as de outros conceitos. Por exemplo, a equiparação feita por Possenti entre discurso e ideologia, sendo ambos um tipo de sentido ou um efeito de sentido, é difícil de aceitar por misturar três conceitos claramente diferentes: discurso, ideologia e sentido. Da mesma forma, é complicado equiparar discursos a textos autênticos com funções sociais em ambientes multicamadas, como faz Mautner. Afinal, se discurso e texto autêntico são a mesma coisa, qual a razão de se utilizarem dois termos para representar uma só coisa? E, mesmo aceitando-se as dicotomias saussurianas, não dá para entender como o discurso é o lugar de intermediação entre a língua e a fala, conforme propõe Guimarães.

Não por acaso, Dominique Maingueneau (1997) vê uma proliferação desenfreada de *discurso* e de *análise do discurso*. E isso, acrescento, estilhaça o conceito de discurso pulverizando seu sentido.

Mas — pode alguém perguntar — um conceito teórico como discurso precisa ser definido de maneira clara e precisa? A primeira seção oferece uma resposta a essa pergunta.

## 1.1 Sobre a necessidade da definição operacional dos conceitos teóricos

Em *Como se faz uma tese*, Umberto Eco (1997) faz uma recomendação essencial à escrita do texto dos doutorandos: definir um conceito teórico na primeira vez que o utilizarem. Dessa forma, durante a leitura e a defesa da tese, quem estiver na banca examinadora, independentemente de sua filiação teórica, terá de entender os conceitos presentes no trabalho seguindo as definições ali apresentadas. Obviamente, elas terão de estar atreladas a um referencial teórico.

A recomendação de Eco deveria ser seguida também por quem escreve textos fundadores ou consolidadores de correntes teóricas, pois os conceitos neles utilizados desempenham um papel fundamental nas discussões e pesquisas nelas inseridas. Um exemplo disso é *Estruturas sintáticas*. Com esse livro, Noam Chomsky (1980 [1957]: 15) inaugura simbolicamente o gerativismo e deixa bem claro o conceito de língua com o qual gerações de pesquisadores dessa corrente teórica iriam operar durante pelo menos três décadas:

> Um conjunto (finito ou infinito) de frases, todas elas de extensão finita e construídas a partir de um conjunto de elementos.

Ao adotar uma perspectiva interacionista, uma pesquisadora, por exemplo, certamente concebe a língua de maneira diferente. Para os seus propósitos, ela poderia considerar limitada e limitadora a definição proposta pelo linguista estadunidense, mas não poderia criticar Chomsky e os demais gerativistas por estarem potencialmente falando de coisas diferentes quando usavam o conceito de língua em seus textos, em seus grupos de pesquisa e em eventos acadêmicos. Contudo, ela pode criticar os analistas do discurso em geral e, mais especificamente, analistas críticos do discurso, pois, ao lhes perguntar: "O que é discurso?", raramente há de ouvir uma resposta contendo uma definição operacional clara e precisa do conceito. A falta de uma resposta com definição leva à enorme possibilidade de analistas do discurso estarem falando de coisas diferentes quando usam o conceito de discurso.

Fazer pesquisas em torno de um conceito teórico não claramente definido tem sérias consequências para a pesquisa acadêmica. Uma delas é o solipsismo, aqui entendido como

> a teoria segundo a qual a única coisa de que um indivíduo pode ter certeza é sua própria existência e seus próprios pensamentos e ideias[2].

Considere-se a seguinte resposta de um analista do discurso a uma pergunta sobre a definição de discurso: "Não é necessário existir uma definição clara e precisa desse conceito. Isso é uma decisão do analista". Implícita aí está a ideia segundo a qual basta ao analista saber a

[2] Definição fornecida pelo dicionário *Macmillan*. Disponível em: https://bit.ly/3KukgE0. Acesso em: 20 jun. 2023.

definição de discurso, mesmo que ele não consiga ou simplesmente não queira apresentá-la objetivamente às outras pessoas (leitoras de seus textos ou ouvintes de suas comunicações) seguindo aquela forma objetiva "discurso é ______".

O solipsismo marca a resposta desse analista. E, nesse caso, um solipsista é aquele para quem um conceito precisa estar claro apenas para si próprio, mesmo sendo inescrutável para os demais.

Ora, deveria ser desnecessário enfatizar quão indesejável é esse tipo de atitude na pesquisa acadêmica, pois o conhecimento produzido na universidade tem de ser verificável e comunicável. Afinal, ele precisa ser publicado, divulgado — se não para a comunidade em geral, para grupos da comunidade acadêmica; e precisa ser passível de verificação por outros pesquisadores caso seja necessário confirmar se os resultados procedem, conforme lembram Stefan Titscher, Meyer, Wodak e Eva Vetter (2007: 11):

> Uma regra fundamental para todo trabalho científico diz que a maneira pela qual os resultados foram obtidos deve ser verificável.

E se esse conhecimento deve ser comunicável, publicizável e verificável, os conceitos do arcabouço teórico subjacente à sua construção precisam ser comunicáveis, claros e precisos, independentemente de sua complexidade. Obviamente, isso não implica que conceitos complexos, como os oriundos da mecânica quântica, serão entendidos por pessoas leigas, mas eles precisam ser compreendidos por quem transita na área da mecânica quântica para a validação dos resultados de uma pesquisa.

Outra consequência da ausência de uma definição clara e precisa de discurso é a criação de grupos de pesquisa em que o comportamento de seus membros em relação ao conceito do qual todos partem se assemelha ao comportamento de membros de ordens esotéricas diante dos conceitos da sabedoria oculta. Por exemplo, considere-se um grupo de pesquisa cujos membros têm a sensação de entenderem, da mesma maneira, o conceito de discurso quando falam disso nas reuniões e quando leem os textos de colegas do grupo, embora nenhum deles defina discurso de modo claro e preciso. Obviamente, quem não pertencer ao grupo não terá a menor ideia da definição adotada. Na verdade, e aqui está o grande problema, nem os próprios membros desse grupo têm como garantir estarem realmente falando da mesma coisa e escrevendo sobre a mesma coisa se não explicitarem a definição do conceito com o qual operam. Assumir tacitamente a ideia segundo a qual todos os membros do grupo compartilham uma mesma definição, mesmo sem nenhum deles a explicitar, não é um comportamento recomendável para a produção de conhecimentos acadêmicos.

Tal comportamento, portanto, se aproxima do de membros de uma ordem iniciática, que se submetem a rituais para atingirem graus cada vez mais elevados de iniciação, aprendendo conceitos inescrutáveis àqueles nos graus mais baixos de iniciação. E essa inescrutabilidade é legítima no contexto das ordens esotéricas. No entanto, há uma questão importante aí: um grupo de pesquisa não é uma ordem esotérica e o conhecimento acadêmico não é secreto. Construímos conhecimento para ser socializado, divulgado, publicado.

Um exemplo de como os pesquisadores de uma mesma área podem estar falando de coisas diferentes ao tratarem do discurso é fornecido por Alastair Pennycook (1994). Certa feita, em Singapura, ele estava tomando café e conversando com um colega sobre a relação entre a língua inglesa e determinados discursos a ela associados. A conversa acabou em frustração e desentendimento. E a razão disso finalmente veio à tona: eles estavam falando sobre o discurso, mas cada um tinha na cabeça uma definição distinta dele.

Uma última e grave consequência de não definir discurso clara e precisamente é sua transformação em um conceito-fetiche, cuja utilidade teórica passa a ser questionada por não ter uma definição clara, precisa, ou por ser definido de várias maneiras diferentes (Eco, 2011).

Isso está acontecendo, por exemplo, com o conceito de avaliação processual na escola, sobre o qual muitas pessoas falam, mas poucas parecem realmente entender. Há até quem acredite que avaliar processualmente é atribuir pontos por participação, pontualidade e assiduidade ou fazer várias atividades curtas valendo pontos e somar todos os pontos obtidos em cada uma delas para, enfim, chegar a uma nota.

A transformação de discurso em um conceito-fetiche é um problema muito sério, pois, quando pessoas diferentes conversam sobre ele, há uma grande probabilidade de estarem falando de coisas diferentes com a sensação de estarem falando da mesma coisa, como aconteceu com Pennycook e seu amigo em Singapura. Além disso, quando um conceito se torna um fetiche, a área de conhecimento para a qual ele é essencial se enfraquece do ponto de vista de sua credibilidade teórica e prática. Se a semântica era vista, jocosamente, como a parenta pobre da linguística pela dificuldade de definir significado, como lembra Greimas (*apud* Oliveira, 2017), o que dizer da análise do discurso diante da profusão de tão díspares definições de discurso?

E aqui cabe uma digressão a título de comparação: como se define significado? A dificuldade de elaborar uma definição unanimemente aceita é muito grande, inalcançável até. Por essa razão, Charles Morris, conforme Stephen Ullmann (1964), chegou ao extremo de sugerir o descarte desse conceito, correndo o risco de jogar o bebê fora com a água do banho.

Ora, a inexistência de uma definição de significado unanimemente aceita, contudo, não impede os semanticistas de elaborarem uma definição operacional clara e precisa com a qual possam trabalhar em determinada corrente teórica. Por exemplo, o conceito de significado lexical como um conjunto de componentes ou de traços semânticos foi adotado por semanticistas estruturalistas como Eugenio Coseriu, Eugene Nida, Adrienne Lehrer e Horst Geckeler. Ele não é aceito por outras correntes teóricas, como a pós-estruturalista de tradução, mas é legítimo e útil para os propósitos não apenas desses semanticistas, mas também de lexicógrafos, responsáveis pela elaboração dos dicionários.

Essa digressão evidencia e enfatiza a desnecessidade da existência de conceitos teóricos unanimemente aceitos: determinada vertente de análise do discurso não tem de definir seu objeto da mesma maneira que outras. Afinal, cada uma constrói seu objeto teórico de uma maneira e não de outra. Todavia, uma definição operacional clara, precisa — logo, comunicável — deve ser apresentada por quem se propõe a fazer análise crítica do discurso, análise dialógica do discurso ou análise do discurso de linha francesa (ou pêcheuxtiana ou de base materialista), mesmo havendo, repito, uma definição diferente para cada um desses campos de estudo. Se se opera com um conceito na academia, ele precisa ter uma definição operacional clara e precisa.

Nesse sentido, em 1995, Henry Widdowson, destacado participante do movimento epistemológico conhecido como virada pragmática, em um artigo com fortes críticas à ACD faircloughiana, resumia, de forma ácida, a ausência de uma definição precisa de discurso nos textos de Fairclough:

Então, temos um conceito muito em voga e, ao mesmo tempo, extremamente incerto: difundido por todos os cantos, mas de maneira muito superficial. Sendo céticos mais uma vez, poderíamos dizer que o discurso é algo sobre o qual todos estão falando, mas sem terem a menor certeza, sem saberem exatamente o que ele é: está em voga e é vago. A ignorância e o apelo popular sempre foram uma mistura inebriante e perigosa (Widdowson, 1995: 158).

"Em voga e vago"... Teria Widdowson razão ao criticar a falta de uma definição precisa de discurso na ACD faircloughiana? Embora em voga, seria esse conceito vago?

Para responder a essa pergunta, é necessário vermos como Fairclough define discurso. Assim, a próxima seção trata da maneira como ele o define no único dos seus livros traduzido para o português, base do pensamento de grande parte dos pesquisadores na área de ACD no Brasil.

## 1.2 O conceito de discurso no principal livro de Fairclough

Coloquemos, de imediato, as cartas na mesa: Fairclough não define o conceito de discurso de maneira clara e precisa. Na verdade, ele acaba contribuindo para a transformação de discurso em um conceito-fetiche.

Na introdução a *Discourse and Social Change*, ele admite a dificuldade de elaborar uma definição:

> Discurso é um conceito difícil principalmente porque há muitas definições conflitantes e sobrepostas formuladas a partir de vários pontos de vista teóricos e disciplinares (Fairclough, 2017 [1992]: 3).

Para ilustrar essa dificuldade, apresenta vários usos do termo *discurso* na linguística e em teoria social, criticando, corretamente, as definições "conflitantes e sobrepostas".

Sem especificar as correntes teóricas às quais se refere, Fairclough afirma que o termo *discurso* é usado de três maneiras diferentes em linguística. Vejamos cada uma delas.

Seu uso menos frequente se vê nas amostras ampliadas de diálogos falados, contrastadas com textos escritos, sendo estes o objeto da análise textual e aqueles o objeto da análise do discurso. Um problema conceitual fica bem claro aí, pois, quando equiparado a diálogo falado, o discurso passa a ser uma espécie de macrogênero textual, englobando, por exemplo, a entrevista de emprego, a consulta médica e o interrogatório policial. Entretanto, do ponto de vista conceitual, "discurso" e "diálogo falado" não são a mesma coisa. Se fossem, não teriam nomes diferentes. Temos aqui um caso de definições conflitantes e sobrepostas.

Ainda segundo Fairclough, o uso mais frequente do termo *discurso* na área da linguística se refere a amostras ampliadas de língua falada ou de língua escrita. Eis suas palavras a respeito:

> Além de preservar a ênfase em traços organizacionais de níveis mais altos, esse sentido de "discurso" enfatiza a interação entre o falante e o ouvinte ou entre o escritor e o leitor, portanto, os processos de produção e de interpretação da fala e da escrita, assim como o contexto situacional de uso da língua. O "texto" é considerado aqui como uma dimensão de discurso: o 'produto' do processo de produção textual (Fairclough, 2017 [1992]: 3).

Ora, usar o termo *discurso* para se referir a amostras ampliadas da língua escrita ou da língua falada o transforma em um sinônimo de *texto falado* e de *texto escrito*. E isso não faz o menor sentido, pois, além de sinonímia perfeita não existir (Oliveira, 2017), não há nenhuma justificativa teórica para a linguística lançar mão de dois termos distintos para tratar de um mesmo fenômeno. E aí está outro caso de definição conflitante e sobreposta.

Há, no trecho supracitado, uma questão curiosa: com base em que Fairclough afirma ser o texto uma dimensão do discurso? Esse trecho, vale notar, se encontra na página 3 da introdução ao livro e, até ali, o autor não apresenta uma definição de discurso nem escreve nada acerca de suas dimensões.

Por fim, ainda segundo Fairclough, o termo *discurso* é também usado na linguística em referência a distintos tipos de linguagem em diferentes tipos de situações sociais. Para ilustrar isso, ele fornece os seguintes exemplos: o "discurso jornalístico", o "discurso de sala de aula", o "discurso publicitário" e o "discurso das consultas médicas". Esses exemplos me levam a perguntar o que são discurso de sala de aula e discurso de consulta médica. E quanto a discurso jornalístico e a discurso publicitário? Serão, respectivamente, sinônimos de linguagem jornalística e de linguagem publicitária, quer dizer, jargões? O conflito e a sobreposição de definições ficam mais que evidentes nesses exemplos.

Agora, vejamos as considerações de Fairclough sobre o uso do termo *discurso* em teoria e análise social, que precisam ser transcritas *in extenso* para não haver dúvida quanto a suas palavras:

> Por outro lado, "discurso" é amplamente usado em teoria e análise social, por exemplo, na obra de Michel Foucault, para se referir a diferentes modos de estruturar as áreas de conhecimento e de prática social. Assim, o discurso da "ciência médica" é atualmente o dominante na prática do cuidado com a saúde, embora contraste com vários discursos holísticos alternativos (por exemplo, os da homeopatia e os da acupuntura), assim como os discursos "folclóricos" populares. Nesse sentido, os discursos se manifestam em modos particulares de uso da língua e de outras formas simbólicas tais como as imagens visuais [...] (Fairclough, 2017 [1992]: 3-4).

Esse conceito socioteórico de discurso não é claramente definido. Afinal, qual o significado de "diferentes modos de estruturar as áreas de conhecimento e de prática social"? Isso precisa de uma explicação e, principalmente, de exemplos ilustrativos. Não é possível entender exatamente como Foucault usa esse conceito a não ser, talvez, indo ao texto no qual ele o discute. Contudo, Fairclough não menciona o título do texto a que faz referência. E isso é complicado pelo fato de a obra do filósofo francês ser muito extensa. Fairclough se limita a mencionar tipos de discurso deixando implícito que discurso e língua são coisas diferentes, pois, segundo ele próprio, os discursos se manifestam em modos particulares de uso da língua e em outras formas simbólicas.

Se a intenção de Fairclough foi mostrar a dificuldade de definir discurso apresentando definições conflitantes e sobrepostas, tanto do ponto de vista linguístico quanto do ponto de vista socioteórico, ele atingiu plenamente seu objetivo. Contudo, surpreendentemente, ele se enreda em um grande emaranhado conceitual na tentativa de definir discurso a partir das definições em linguística e em teoria social por ele mesmo criticadas:

> Minha tentativa de unir a análise linguística e a teoria social se centra na combinação desse sentido mais socioteórico de "discurso" com o sentido mais "texto e interação" na análise do discurso linguisticamente orientada. Esse conceito de discurso e de análise do discurso é tridimensional. Todo "evento" discursivo (*i.e.*, toda ocorrência de discurso) é visto como sendo

> simultaneamente um trecho de texto, uma ocorrência de prática discursiva e uma ocorrência de prática social. A dimensão do "texto" diz respeito à análise da linguagem dos textos. A dimensão da "prática discursiva", assim como a "interação" na visão de discurso como "texto-e-interação", especifica a natureza dos processos de produção e interpretação textual: por exemplo, que tipos de discurso (incluindo "discursos" no sentido mais socioteórico) dos quais se lança mão e como eles são combinados. A dimensão da "prática social" diz respeito a questões relativas à análise social tais como as circunstâncias institucionais e organizacionais do evento discursivo e como isso molda a natureza da prática discursiva e os efeitos construtivos/constitutivos do discurso mencionados acima (Fairclough, 2017 [1992]: 4).

Analisemos a citação acima.

Fairclough anuncia seu desejo de combinar "esse sentido 'mais socioteórico' de discurso", que imagino seja aquele atribuído a Foucault, com "o sentido mais 'texto-e-interação' na análise do discurso linguisticamente orientada". Observe-se o uso curioso dos termos *socioteórico* e *texto e interação* como adjetivos graduais, passíveis de serem usados em construções comparativas. Qual o significado de "sentido mais socioteórico de discurso" e o de "sentido mais texto e interação de análise do discurso"? E por extensão, o que seriam "discursos no sentido menos socioteórico" e "sentido menos texto e interação de análise do discurso"?

Quando Fairclough menciona "dimensões", depreende-se estar ele tratando de análise do discurso e não do conceito de discurso, pois menciona explicitamente <u>análise</u> do texto e <u>análise</u> social e, implicitamente, <u>análise</u> da prática discursiva. E se está tratando de prática discursiva, não está se referindo ao conceito de discurso, mas a algo a ele relacionado (daí o uso do modificador *discursiva*). Note-se, ainda, a inexistência de uma definição de discurso até essa altura de seu livro. Nesse trecho, há uma definição de análise do discurso textualmente orientada, mesmo sem haver uma definição do objeto dessa análise.

Na verdade, a introdução chega ao fim sem a definição do que é discurso. E no primeiro capítulo de *Discourse and Social Change*, Fairclough trata de diferentes abordagens de análise do discurso ainda sem providenciar nenhuma definição do termo. Essa ausência também é observada no segundo capítulo, dedicado a Foucault e à análise do discurso por ele proposta.

Mesmo sem definir o conceito, Fairclough continua a usá-lo. Por exemplo, ao comparar a análise do discurso realizada por Foucault em algumas fases do seu trabalho com a análise do discurso textualmente orientada, ele afirma ter o filósofo francês se preocupado com um tipo específico de discurso, *i.e.*, o discurso das ciências, enquanto a análise do discurso textualmente orientada, da qual a ACD é uma vertente, tem como foco, em princípio, "qualquer tipo de discurso — a conversação, o discurso da sala de aula, o discurso midiático, e assim por diante" (Fairclough, 2017 [1992]: 38).

Ora, escrever sobre "tipos de discurso" sem definir "discurso" é bastante problemático. Além disso, considerar a conversação um tipo de discurso é muito estranho e provoca, mais uma vez, esta pergunta: o que é discurso, do qual a conversação, o discurso da sala de aula e o discurso midiático seriam tipos?

No terceiro capítulo de *Discourse and Social Change*, cujo tema é uma teoria social do discurso, Fairclough dedica a primeira seção a uma discussão do termo *discurso*. Todavia, quem está tentando entender o conceito fica frustrado com a leitura dessa seção. Seu trecho inicial vem a seguir:

> Meu foco está na língua; consequentemente, uso "discurso" de uma maneira mais estreita do que os cientistas sociais o fazem ao se referirem ao uso da língua falada ou da língua escrita. Usarei o termo "discurso" onde os linguistas tradicionalmente escreveram sobre "o uso da língua", "*parole*" ou "desempenho" (Fairclough, 2017 [1992]: 62).

Ao ler esse fragmento, percebemos a razão pela qual Fairclough inicia a seção com essas palavras: ele queria deixar claro que adota uma concepção não estruturalista, não formalista de língua. Daí sua menção a uso da língua, e não a forma da língua; a *parole* e não a *langue*; a desempenho, e não a competência linguística. Seria, então, "discurso" um sinônimo de *uso da língua* ou de *parole* ou de *desempenho*? Essa falta de rigor conceitual nos desencaminha.

Mais adiante, ele escreve:

> Ao usar o termo "discurso", proponho considerar o uso da língua mais como uma forma de prática social do que uma atividade puramente individual ou um reflexo de variáveis situacionais. Isso tem várias implicações. Primeiramente, implica que o discurso é um modo de ação, uma forma pela qual as pessoas podem agir sobre o mundo e especialmente sobre as outras, assim como um modo de representação (Fairclough, 2017 [1992]: 63).

Se o discurso é um modo de ação e de representação, qual seria, então, a diferença entre discurso e língua? Minha pergunta se deve ao fato de alguns teóricos considerarem a língua como uma atividade constitutiva e/ou uma atividade representativa. Carlos Franchi (2011 [1992]: 59), por exemplo, seguindo Humboldt, defende a ideia segundo a qual a principal função da língua não é "propriamente a de transmitir aos outros nossas experiências, mas a de 'constituí-las'". Lembro-me, ainda, de uma frase do arcebispo Desmond Tutu usada em um anúncio de divulgação do 5º Congresso da Indústria da Comunicação, realizado em São Paulo em 2012 e aberto com uma palestra do religioso sul-africano, na qual ele nos remete à natureza constitutiva da língua: "A linguagem é muito poderosa. Ela não apenas descreve a realidade. Ela cria a realidade que descreve". Percebe-se, assim, que esse trecho acaba tornando discurso e língua a mesma coisa.

Nesse mesmo capítulo, Fairclough apresenta sua concepção tridimensional de discurso, englobando as seguintes dimensões: texto, prática discursiva e prática social. Contudo, o problema da falta de uma definição operacional continua. Afinal, como se define discurso a partir dessa concepção tridimensional? Seria o conjunto composto por texto, prática discursiva e prática social? Bem, um desses componentes é prática discursiva. Mas qual o significado de *discursiva*, se Fairclough não fornece uma definição operacional de discurso para nos permitir saber qual é o significado desse modificador?

Nosso autor torna as coisas ainda mais espinhosas quando fornece uma resposta à pergunta sobre o que torna "discursiva" a prática discursiva:

> Parte da resposta é evidentemente a língua: a prática discursiva manifesta-se em uma forma linguística, na forma daquilo a que me referirei como "textos", usando "texto" no sentido lato dado por Halliday à língua falada e à língua escrita [...]. Se uma ocorrência de prática social (política, ideológica etc.) é uma dimensão do **evento discursivo**, um texto é outra (Fairclough, 2017 [1992]: 71; grifos meus).

Ele escreve "dimensão do <u>evento discursivo</u>" em vez de "dimensão do <u>discurso</u>". Seriam, então, evento discursivo e discurso a mesma coisa? Vejamos se o trecho imediatamente subsequente à citação acima ajuda a esclarecer:

> Essas duas dimensões são mediadas por uma terceira, focada no discurso como uma prática especificamente discursiva. Aqui, "prática discursiva" não

> contrasta com "prática social": a primeira é uma forma particular da segunda. Em alguns casos, a prática social pode ser totalmente constituída pela prática discursiva, enquanto, em outros, pode ser uma mistura de prática discursiva e de prática não discursiva. A análise de um discurso particular como um exemplar de prática discursiva foca processos de produção, distribuição e consumo de textos (Fairclough, 2017 [1992]: 71; grifos meus).

O trecho não ajuda a esclarecer se Fairclough concebe discurso e evento discursivo como a mesma coisa. Nem o restante do capítulo ajuda a definir isso, pois ele concentra seus comentários na análise do texto, na análise da prática discursiva e na análise da prática social.

Há uma seção no terceiro capítulo intitulada "Discurso como texto". Seguindo-se o título, é possível conceber discurso como sendo texto. E isso não ajuda a esclarecer o conceito de discurso, pois texto e discurso não são a mesma coisa.

Na seção seguinte a essa, ao comentar o papel da leitura do contexto na interpretação de um texto, ele escreve:

> [...] não podemos supor que uma pergunta sempre predisporá, da mesma forma, à interpretação de um enunciado que se segue como uma resposta. Isso depende do tipo de discurso. No discurso de sala de aula, as perguntas predizem fortemente as respostas; no discurso conversacional dentro de uma família, as perguntas podem ficar rotineiramente sem respostas sem qualquer sentido de violação ou necessidade de reparo (Fairclough, 2017 [1992]: 83).

Ora, o que são "discurso de sala de aula" e "discurso conversacional"? E quais os critérios para criar uma tipologia de discurso sem definir o que discurso é? Por falar em tipologia do discurso, vejamos as palavras de Fairclough a seu respeito ao comentar as ordens do discurso:

> Os elementos das ordens do discurso são extremamente diversos; nem sempre é fácil decidir se estamos lidando com gêneros, estilos, discursos ou algo diferente. Um arcabouço analítico rígido demais pode levar alguém a perder de vista as complexidades do discurso. Por conta disso, deveríamos usar esses termos cautelosamente, reconhecendo que: cada um tende a cobrir um domínio diverso e heterogêneo; às vezes, é difícil usá-los de maneira bem motivada; talvez tenhamos de apelar para **termos mais vagos como 'tipo de discurso'** (eu o tenho usado até aqui para qualquer tipo de convenção). Deveríamos também reconhecer que não há, nem poderia haver, uma lista específica de gêneros, estilos ou discursos

e que somos constantemente confrontados com o que frequentemente parecem ser decisões bastante arbitrárias (influenciadas pelo ponto de partida da análise) sobre se algo é ou não é uma ocorrência separada de um desses tipos (Fairclough, 2017 [1992]: 125; grifos meus).

Do ponto de vista conceitual, chama a atenção o fato de Fairclough admitir que, até aquele ponto do livro — p. 125 para ser exato —, usa termos vagos e um deles, *tipo de discurso*, é empregado para se referir a qualquer tipo de convenção. Isso é um problema conceitual enorme. Como qualquer convenção é um tipo de discurso? Usar termos vagos para se referir a conceitos basilares é produtivo do ponto de vista teórico? E quais são os outros termos vagos usados por ele? *Discurso*, definitivamente!

Fairclough é bem franco ao admitir a vaguidade do termo *tipo de discurso*, usado frequentemente em sua obra. E, inevitavelmente, surge aí uma pergunta: qual a causa de tamanha vaguidade? A resposta é óbvia: a falta de uma definição clara e precisa do conceito de discurso.

Além disso, para ele, nem sempre é fácil diferenciar gênero, estilo e discurso. Fazer essa distinção não é fácil se não se definir operacionalmente cada um desses três conceitos. A alegação segundo a qual "um arcabouço analítico rígido demais pode levar alguém a perder de vista as complexidades do discurso" não faz sentido se não se apresenta uma definição clara de *discurso*. E cabe outra pergunta: as complexidades seriam do conceito de discurso ou do fenômeno do discurso?

Em *Discourse and Social Change*, Fairclough não define o conceito de discurso de maneira clara e precisa, contribuindo para sua fetichização. Talvez ele supere essa dificuldade conceitual em outros textos, inéditos em português. Na próxima seção, veremos algumas definições de discurso oferecidas por Fairclough em textos diferentes, apresentados em ordem cronológica por ano de publicação.

## 1.3 O conceito de discurso em outros textos de Fairclough

*Language and Power* foi publicado em 1989, inaugurando simbolicamente a ACD. Esse título traz um elemento de interesse de Fairclough e da ACD como um todo: a relação entre língua e poder; mais especificamente, entre o uso social da língua e os abusos de poder. Vejamos como ele define discurso nessa obra inaugural.

O primeiro capítulo traz alguns comentários sobre o estudo crítico da língua (ECL), sem uma definição de discurso. É no início do segundo capítulo, intitulado "Discourse as Social Practice", que ele apresenta os temas ali tratados, entre os quais se encontra este: "**Língua e discurso**: a concepção de língua da qual nós precisamos para o ECL é *discurso*, a língua como prática social determinada pelas estruturas sociais" (Fairclough, 1989: 17; grifos do autor).

Discurso é apresentado neste trecho como uma concepção de língua, mais especificamente, como uma prática social determinada pelas estruturas sociais. Do ponto de vista operacional, essa não é uma definição satisfatória não apenas por transformar o discurso em uma perspectiva teórica a partir da qual se concebe a língua, mas também por considerar o discurso como a língua vista na perspectiva de uma prática social. Como operar com uma definição dessa? Como falar em tipos de discurso, por exemplo, o discurso da sala de aula e o discurso conversacional, operando com essa definição?

Mais adiante, Fairclough explica em que sentido utiliza o termo *discurso* no livro:

> Um texto é mais um produto que um processo — um produto do processo de produção textual. Contudo, usarei o termo *discurso* para me referir a todo o processo de interação social do qual o texto é apenas uma parte. Esse processo inclui, além do texto, o *processo de produção*, do qual o texto é um produto, e o *processo de interpretação*, do qual o texto é um recurso (Fairclough, 1989: 24; grifos do autor).

Há, neste trecho, outra definição de discurso: "O processo de interação social do qual o texto é apenas uma parte". Ora, com ela também não se pode falar em tipos de discurso, como o discurso político ou o discurso da publicidade, embora Fairclough faça isso. Em síntese, em seu livro inaugural, não há uma definição operacional precisa e clara do termo.

Em 1995, Fairclough publicou *Critical Discourse Analysis: The Critical Study of Language*, seleção de textos de sua autoria escritos entre 1985 e 1993. Na introdução geral do livro, ele escreve o seguinte:

> Minha visão é a de que discurso é o uso da língua vista como uma forma de prática social e a análise do discurso é a análise de como os textos funcionam dentro da prática sociocultural (Fairclough, 1995: 5).

Há duas definições de discurso neste trecho, ambas bastante inconclusivas. Na primeira, Fairclough equipara discurso a uso da língua, vista como uma forma de prática social. Isso implica considerar, por exemplo, uma conversa, uma palestra, um grito e um cumprimento como discursos, pois são usos da língua, práticas sociais. Isso é conceitualmente problemático por implicar não haver diferença entre discurso e gênero textual, entre discurso e ato de fala, evidenciando uma sobreposição e um conflito de definições, algo criticado pelo próprio Fairclough em *Discourse and Social Change*. A segunda definição surge nas entrelinhas da definição de análise do discurso como a análise do funcionamento dos textos dentro da prática sociocultural: o discurso é definido aí como o modo de funcionamento dos textos no interior de uma prática sociocultural. Nenhuma dessas duas definições é satisfatória do ponto de vista de sua utilidade operacional, pois não permitem, por exemplo, falarmos de tipos de discurso.

No quarto texto da coletânea, intitulado "Discourse, Change and Hegemony", Fairclough oferece outra definição:

> O discurso, assim como toda ocorrência de prática discursiva, é visto simultaneamente como
> (i) um texto linguístico, falado ou escrito;
> (ii) uma prática discursiva (produção textual e interpretação textual);
> (iii) uma prática sociocultural (Fairclough, 1995: 97).

Essa definição se aproxima da tripla definição apresentada em *Discourse and Social Change*, porém é mais explícita quanto ao entrelaçamento dessas três dimensões: o discurso visto como as três coisas ao mesmo tempo. Então, temos o discurso como, ao mesmo tempo, um texto falado ou escrito, sua produção e interpretação, e uma prática sociocultural. A indefinição conceitual provocada pela sobreposição de conceitos é grande.

Uma pergunta se torna inevitável aqui: além do discurso, quais outras ocorrências de práticas discursivas são simultaneamente um texto linguístico, uma prática discursiva e uma prática sociocultural? Eu gostaria de saber a resposta...

No sexto texto da coletânea, intitulado "Critical Discourse Analysis and the Marketization of Public Discourse: The Universities", Fairclough apresenta outra definição:

> Como muitos linguistas, eu usarei discurso para me referir primariamente ao uso da língua falada ou escrita, embora também deseje expandi-lo para incluir a prática semiótica em outras modalidades semióticas tais como a fotografia e a comunicação não verbal (por exemplo, gestual). Porém, ao me referir ao uso da língua como discurso, estou sinalizando um desejo de investigá-lo de uma maneira socioteoricamente informada, como uma forma de prática social (Fairclough, 1995: 131).

É mais uma definição pouco operacional. Conceber discurso como o uso da língua falada ou escrita faz o próprio termo *discurso* parecer desnecessário, pois o termo *uso da língua* já bastaria.

Em 1996, foi publicada uma coletânea organizada por Carmen Rosa Caldas-Coulthard e Malcolm Coulthard. No capítulo intitulado "Technologisation of Discourse", Fairclough (1996a: 71) afirma:

> Neste capítulo, uso "discurso" para me referir a todo uso da língua falada ou escrita concebido como uma prática social [...].

Ele repete aí uma das definições apresentadas na coletânea anteriormente comentada. É uma definição vaga, demasiadamente alargada, pois, vale lembrar, todo uso da língua — obviamente, sempre uma prática social — pode ser chamado de discurso a partir dessa definição.

Em 1999, Fairclough, em coautoria com Lilie Chouliaraki, lança *Discourse in Late Modernity: Rethinking Critical Discourse Analysis*. Para ele, essa obra é uma chance de rebater diversas críticas feitas a sua proposta de análise de discurso ao longo dos anos 1990. O subtítulo do livro reflete essa tentativa: "Repensando a análise crítica do discurso".

Logo no início do prefácio, Fairclough e Chouliaraki fazem a seguinte afirmação sobre o conceito de discurso:

> A análise crítica do discurso (doravante ACD) parte da percepção de discurso (a língua, mas também outras formas de semiose, tais como as imagens visuais) como um elemento das práticas sociais, que tanto constitui outros elementos quanto por eles é constituído (Chouliaraki; Fairclough, 2001: vii).

O segundo aposto parentético define discurso como sendo a língua e outras formas de semiose. Tal definição não ajuda quem precisa entender o conceito de discurso adotado na ACD. Além disso, considerar discurso como um elemento das práticas sociais também não contribui muito, a não ser no sentido de reforçar sua natureza interacional, dialógica.

Mesmo após ler esse trecho no prefácio, eu tinha a esperança de encontrar, nas páginas seguintes, uma definição operacional clara e objetiva do conceito de discurso. Afinal, esse livro foi uma oportunidade para Fairclough rebater as muitas críticas feitas a seus textos anteriores, inclusive a crítica de Widdowson ao vago conceito em uso. Contudo, ao longo do primeiro capítulo, Chouliaraki e Fairclough não apresentam uma definição; usam o termo *discurso* seguido de modificadores. Em outras palavras, fazem comentários sobre tipos de discurso, mais especificamente, sobre "discursos econômicos", "discurso da flexibilidade", "discurso dos apelos de caridade", "discurso da mobilização política" e "discurso pós-moderno".

Ora, o próprio Fairclough (2017 [1992]), em *Discourse and Social Change*, não podemos nos esquecer, admite ser vago o termo *tipo de discurso*. E o uso desse termo vago continua no livro em coautoria com Chouliaraki. Isso é um problema pelo fato de, aparentemente, eles partirem do pressuposto segundo o qual quem lê seu livro entende o conceito de discurso a partir daquela definição vaga apresentada e, por extensão, saberá o que são discursos econômicos, discurso da flexibilidade, discurso pós-moderno... Entretanto, as coisas não são tão óbvias e simples como parecem.

O que são os discursos econômicos? E o discurso da flexibilidade? E os discursos de apelos de caridade? E quanto ao discurso pós-moderno? As coisas ficam mais confusas quando, no segundo capítulo, Chouliaraki e Fairclough comentam "momento de discurso":

> [...] o momento de discurso de qualquer prática é uma articulação cambiante de **recursos simbólicos/discursivos (tais como gêneros, discursos, vozes)** que, eles próprios, vêm a ser articulados em permanências relativas como momentos de (o momento de) discurso e transformados naquele processo (Chouliaraki; Fairclough, 2001: 21; grifos meus).

O uso da barra pode tornar um termo confuso, como é o caso de *recursos simbólicos/discursivos*. Todavia, seja qual for seu significado, os recursos simbólicos/discursivos não são nem simbólicos nem discursivos: são simbólicos/discursivos. Além disso, Chouliaraki e Fairclough acabam jogando discursos, vozes (verbais?) e gêneros (textuais? discursivos?) no mesmo balaio conceitual quando os rotulam de recursos simbólicos/discursivos. No fim das contas, resta uma pergunta inevitável: por que os discursos são recursos simbólicos/discursivos? Qual o sentido disso?

Talvez o terceiro capítulo, com o sugestivo título "Discourse", traga uma definição operacional clara e precisa de discurso. Lá, Chouliaraki e Fairclough afirmam:

> Usaremos o termo 'discurso' para nos referirmos aos elementos semióticos das práticas sociais. Discurso, portanto, inclui a língua (escrita e falada e em combinação com outras semioses, por exemplo, com a música em um ato de cantar), a comunicação não verbal (as expressões faciais, os movimentos corporais, os gestos etc.) e as imagens visuais (por exemplo, as fotografias e os filmes). O conceito de discurso pode ser entendido como uma perspectiva particular dessas várias formas de semiose — ele as vê como momentos das práticas sociais na sua articulação com outros momentos não discursivos (Chouliaraki; Fairclough, 2001: 38).

Essa definição é bastante problemática. Chouliaraki e Fairclough usam *discurso* como um termo guarda-chuva englobando língua escrita, língua falada, linguagem não verbal, música, imagens estáticas e imagens em movimento. Ao mesmo tempo, consideram o discurso uma perspectiva particular a partir da qual esses elementos são vistos como momentos de prática social.

Nos trechos seguintes, Chouliaraki e Fairclough não esclarecem como o conceito pode ser usado, ou seja, não demonstram sua natureza operacional. Afinal, o que é, por exemplo, o discurso pós-moderno a partir dessa definição? É uma perspectiva pós-moderna de olhar para a língua escrita em articulação com os momentos não discursivos? Se for, qual o significado disso?

Chouliaraki e Fairclough (2001: 38) passam a comentar a natureza interacional do discurso, que torna lógica a escolha de focar o discurso para se obterem *insights* sobre a interação social. Dessa forma, analisam um trecho de uma conversa entre membros de uma família durante o jantar e concluem: "O discurso interativo é 'ação conjunta', uma coprodução". Ao que tudo indica, eles tinham a intenção de deixar claro que o discurso só existe porque, no mínimo, duas pessoas interagem, em tempo real ou não. Mas isso não é óbvio? Ou o discurso, seja lá qual for seu significado, pode existir sem interação? E ao chamarem o discurso de ação, como fazem para distingui-lo de ato de fala, conceito criado por

John Austin e divulgado por John Searle? No frigir dos ovos, o exemplo apresentado ilustra, na verdade, a análise da conversação. Mas análise do discurso e análise da conversação são a mesma coisa?

E ao escreverem sobre o desenvolvimento da escrita, Chouliaraki e Fairclough seguem usando o conceito de discurso de maneira imprecisa:

> Há diferenças fundamentais entre o discurso face a face e o discurso escrito (digamos, uma troca de cartas). Primeiro, a escrita é uma espacialização do discurso falado que transforma o desenrolar da interação no tempo: o "meio" ou o "fim" de uma conversa é um ponto no tempo; o 'meio' ou o 'fim' de uma carta é uma posição no tempo. Com a escrita, a categoria "texto" adentra o discurso. Segundo, os textos, tal como uma troca de cartas, podem ser mantidos como um registro permanente, enquanto, nos tempos pré-eletrônicos, não havia uma forma de preservar a conversação (Chouliaraki; Fairclough, 2001: 42).

Qual o significado de *discurso* nesse trecho? Seria o mesmo que língua falada e língua escrita? Para complicar as coisas, a escrita é definida como uma espacialização, *i.e.*, uma materialização, no espaço, do discurso falado. Dessa forma, Chouliaraki e Fairclough acabam considerando a escrita como uma representação da fala, concepção bastante equivocada, como já nos explicou Luiz Antônio Marcuschi (2003). Além disso, aqui a visão de texto é muito questionável, pois Chouliaraki e Fairclough consideram texto apenas o texto escrito, não o falado. E, incompreensivelmente, entendem a troca de cartas como um exemplo de texto. Como a troca de cartas pode ser um texto?!

Pode-se concluir que Fairclough não apresenta, em seus textos ou no texto em coautoria com Chouliaraki, uma definição clara e precisa de discurso.

Como, no Brasil, quem transita pela ACD geralmente lê não apenas Fairclough, mas também Van Dijk, que teve parte de sua obra traduzida para o português, vale a pena verificar como esse teórico define o conceito de discurso, contribuindo para sua fetichização.

## 1.4 O conceito de discurso em textos de Van Dijk

Os primeiros textos de Van Dijk traduzidos para o português foram publicados no Brasil em 1992 na coletânea *Cognição, discurso e interação*. São sete artigos nos quais não se encontra nenhuma definição operacional clara e precisa de discurso. Na verdade, há quatro definições distintas e insatisfatórias do ponto de vista da sua operacionalidade: em textos diferentes, ele equipara discurso a estória, a gênero textual, a ato de fala e a texto (falado ou escrito).

No artigo "A caminho de um modelo estratégico de processamento de discurso", Van Dijk (1996a: 17) escreve:

> Já sugerimos que discursos enquanto estórias não ocorrem *in vacuo*. Eles são produzidos e recebidos por falantes e ouvintes em situações específicas, dentro de um contexto sociocultural mais amplo.

Claramente, ele equipara discursos a estórias, um gênero textual oral, provocando a sobreposição e o conflito de definições. Mais adiante, deixa as coisas ainda mais incertas:

> [...] deve-se pressupor que a interpretação de um discurso, enquanto ato de fala (ou uma série de atos de fala), está embutida numa interpretação de todo o processo de interação entre os participantes da conversa (Van Dijk, 1996a: 18).

Discurso é um ato de fala ou uma série de atos de fala? E o corolário disso seria o de que uma estória é um ato de fala? As informações se tornam ainda mais imprecisas quando, ao lançar mão do termo *tipos de discurso*, ele afirma que o processamento de discurso:

> [...] envolve participação na conversação, leitura rápida do jornal, realização de uma conferência, leitura de um livro-texto ou preparação de um boletim de ocorrência policial. Desta maneira, presumimos, de forma provisória, que os princípios de processamento de discurso podem ser formulados em um nível que abarca **esses vários tipos de discurso** (Van Dijk, 1996a: 20; grifos meus).

Nem com muita boa vontade é possível considerar essas três ações como tipos de discurso: participação na conversação, realização de uma conferência e preparação de um boletim de ocorrência policial.

É curiosa a naturalidade com a qual Van Dijk — assim como Fairclough — escreve sobre discurso sem o definir de maneira clara e precisa; curiosa pelo fato de mostrar consciência da importância de definir os conceitos com os quais trabalha, como evidencia um trecho do capítulo "Análise semântica do discurso":

> Antes de tentarmos especificar como fazer análise semântica do discurso, devemos explicitar o que é análise semântica e que tipos de análise semântica podem ser identificados (Van Dijk, 1996a: 36).

Ele está certíssimo. É imprescindível apresentar essas definições. Mas, se é importante definir essas duas coisas, por que não é importante definir o objeto da análise semântica, *i.e.*, o discurso?

A propósito, a respeito da análise semântica, ele informa aplicar "as noções teóricas da semântica atual a alguns **fragmentos de discurso**" (Van Dijk, 1996a: 36; grifos meus). Como assim fragmentos de discurso? Estaria ele equiparando discurso a texto?

Minha suspeita se confirma no capítulo "A coerência do discurso". Esse título traz um conceito caro à linguística textual, o qual só faz sentido se discurso for entendido aí como texto. Observe-se este trecho:

> [...] um discurso não é apenas um conjunto de sentenças, mas uma sequência ordenada, com condicionamentos convencionais sobre as ordenações possíveis, desde que seja significante e represente certas estruturas de fato, por exemplo, episódios (Van Dijk, 1996a: 42).

E mais este:

> A significância do discurso reside não somente nesse nível local (ou microestrutural) de orações adjacentes e conexões de sentenças, mas também, num nível global. Devemos também explicitar as propriedades do significado de fragmentos maiores de um discurso, como os parágrafos, enquanto conjuntos (Van Dijk, 1996a: 50).

Não há dúvida: Van Dijk equipara discurso a texto, sobrepondo os conceitos mais uma vez. A sobreposição e o conflito de definições são muito problemáticos conforme discutimos na primeira seção deste capítulo. Na verdade, ao ler a coletânea *Cognição, discurso e interação*, temos a forte sensação de que o título está equivocado, pois a palavra *discurso* deveria ser substituída por *texto*. Ele deveria ser *Cognição, texto e interação*.

No livro *Ideology: A Multidisciplinary Approach*, publicado pela primeira vez em 1998 e reimpresso dois anos depois, Van Dijk (2000: 193-194) apresenta dois sentidos para o termo *discurso*. Vejamos cada um deles.

O primeiro, usado, segundo ele, nas análises do discurso mais socialmente orientadas, é o sentido primário estendido: um evento comunicativo específico, escrito ou falado. Ele fornece os seguintes exemplos de discurso nessa acepção: uma conversa entre amigos durante o jantar; um diálogo entre médico e paciente; a escrita ou a leitura de notícias em um jornal. A vaguidade dessa definição permite considerar como discurso os gêneros textuais e até os atos de leitura e de escrita. E isso é uma evidência de sobreposição e de conflito de definições.

O segundo é o sentido primário restrito, frequentemente usado na prática cotidiana dos estudos do discurso. O que seria isso? Van Dijk explica:

> Nesse caso, abstraímos a dimensão verbal do ato comunicativo escrito ou falado de um evento comunicativo e usualmente nos referimos a essa abstração como *fala* ou *texto*. Ou seja, nesse sentido, "discurso" está sendo usado para se referir ao "produto" do ato comunicativo em andamento ou concluído, mais especificamente, seu resultado escrito ou sonoro tornado socialmente disponível para os recipientes o interpretarem. "Discurso", nesse caso, é o termo geral que se refere ao *produto verbal* escrito ou falado do ato comunicativo (Van Dijk, 2000: 194; grifos do autor).

Trocando em miúdos, o tal sentido primário restrito do termo *discurso* o equipara a texto, escrito ou falado.

Em 2008, é lançada no Brasil uma coletânea organizada por Van Dijk intitulada *Racismo e discurso na América Latina*. Na introdução, ele faz um comentário sobre as formas de discurso no qual fica patente um grande desalinho conceitual:

> A maior pressão para a mudança antirracista, tal como conhecemos pelo Movimento dos Direitos Civis nos Estados Unidos e pelo movimento anti-*apartheid* na África do Sul, é iniciada pelos próprios grupos etnicamente dominados. Além disso, essa mudança é amplamente mediada pelo discurso, isto é, uma vez que esses grupos adquirem acesso às várias **formas de discurso público, como o discurso político, a comunicação de massa, a educação, a pesquisa e — hoje especialmente também — a internet** (Van Dijk, 2008b: 16; os destaques são meus).

Van Dijk usa o termo *discurso público* aparentemente para se referir a discursos veiculados ao público em geral. Independentemente da definição de discurso existente na cabeça de nosso autor, os exemplos de formas de discurso público por ele mencionadas nesse trecho não fazem sentido. Afinal de contas, como educação, pesquisa, comunicação de massa e internet podem ser formas de discurso (público ou privado)? Essas quatro coisas — educação, pesquisa, comunicação de massa e internet — são completamente diferentes umas das outras e não são discurso.

Mais adiante, ao comentar a reprodução de preconceitos étnico-raciais e as estratégias globais de organização do discurso racista, ele menciona algo curioso: os níveis de discurso:

> Aplicadas a todos os níveis de discurso (**sonoros, visuais, significado e ação**), essas estratégias globais tendem a resumir as propriedades discursivas locais e globais da forma como os membros de dentro falam e escrevem sobre Eles (Van Dijk, 200b: 18; destaques meus).

Não é possível entender o que Van Dijk quer dizer com "níveis de discurso". O que seriam níveis sonoros, níveis visuais, níveis de significado e níveis de ação?

Van Dijk ainda deixa as coisas mais confusas ao afirmar: o princípio de se favorecerem os pontos negativos sobre os outros utilizado em conversas e textos racistas se aplica a "outros níveis e dimensões de discurso como":

- a ênfase dos pontos negativos sobre Eles em manchetes e nas primeiras páginas dos jornais;
- a repetição dos pontos negativos nas histórias cotidianas;
- a expressão de estereótipos na descrição dos membros de um grupo étnico;
- a seleção de palavras (nosso povo é sempre "lutador da liberdade", ao passo que os deles são "terroristas traiçoeiros");
- a escolha de pronomes e demonstrativos distanciadores ("aquelas pessoas");
- metáforas negativas ("invasão" por "ondas" de imigrantes);
- ênfases hiperbólicas nas propriedades negativas Deles: ladrões etc.;
- eufemismos para o Nosso racismo: "descontentamento popular";
- falácias argumentativas na demonstração das propriedades ruins Deles (Van Dijk, 2008b: 18-19).

É impossível depreender desses exemplos o que exatamente Van Dijk chama de níveis e dimensões de discurso. Nem com muita boa vontade é possível aceitar a classificação de ênfase, repetição, estereotipagem, seleção lexical, escolha pronominal, metáfora, eufemismo e falácias como níveis ou dimensões do discurso.

Também em 2008, foi publicada uma coletânea de textos de Van Dijk traduzidos para o português intitulada *Discurso e poder*, composta por um texto introdutório e sete artigos originalmente publicados entre 1989 e 2006. Nela, também não há uma definição operacional clara e precisa de discurso.

No texto introdutório, denominado "Discurso e dominação: uma introdução", Van Dijk apresenta uma definição:

> O discurso não é analisado apenas como um objeto "verbal" autônomo, mas também como uma interação situada, uma prática social ou um tipo de comunicação numa situação social, cultural, histórica ou política. Assim, em vez de simplesmente analisar uma conversação entre vizinhos, talvez seja necessário fazer o trabalho de campo em um bairro, observar como as pessoas conversam em bares ou outros lugares públicos e descrever muitos outros aspectos relevantes desses eventos comunicativos, tais como a situação temporal ou espacial, circunstâncias especiais, os participantes e seus papéis comunicativos e sociais, as outras várias atividades que se realizam ao mesmo tempo, e assim por diante (Van Dijk, 2008a: 12).

Definitivamente, essa definição não é precisa nem clara. A vaguidade a ela subjacente e o exemplo oferecido nos permitem considerar discurso como a mesma coisa que texto (*i.e.*, objeto verbal autônomo) e gênero textual (*i.e.*, conversa informal). Infelizmente, os artigos da coletânea não nos ajudam a entender o conceito de discurso na ACD praticada por Van Dijk, pois as sobreposições conceituais continuam.

No texto "Estruturas do discurso e estruturas do poder", originalmente publicado em 1989, Van Dijk trata de tipos diferentes de discurso e contribui para aumentar a indefinição semântica na qual o conceito de discurso tem sido enredado. Por exemplo, ao comentar como o poder é exercido por meio do discurso, ele afirma:

> Obtém-se um controle direto sobre a ação por meio de discursos que possuem funções pragmáticas diretivas (força ilocutória), tais como comandos, ameaças, leis, regulamentos, instruções e, mais indiretamente, por meio de recomendações e conselhos (Van Dijk, 2008a: 52).

Van Dijk claramente equipara discurso a ato de fala. Ocorrem aqui, mais uma vez, a sobreposição e o conflito de definições. Na mesma página, o entendimento fica ainda mais difícil, em virtude da equiparação de discurso a gênero textual: "Os tipos persuasivos de discurso, tais como anúncios publicitários e propagandas, também pretendem influenciar as ações futuras dos receptores".

Ao tratar da conversação, Van Dijk (2008a, p. 64) afirma: o "discurso médico-paciente é apenas um exemplo do discurso médico em geral". Nesse caso, ele equipara discurso a diálogo falado. Isso se confirma mais adiante quando, ao tratar do discurso da mídia, contrasta o "discurso face a face" com o "discurso escrito". Em outras palavras, o discurso pode ser entendido como texto falado ou escrito.

Em meio a tantas definições desencontradas de discurso, é interessante observar a postura adotada por Van Dijk em um texto presente na segunda edição de uma coletânea organizada por Ruth Wodak e Michael Meyer, intitulada *Methods of Critical Discourse Analysis*, publicada em 2009. No capítulo "Critical Discourse Studies: A Sociocognitive Approach", em resposta à pergunta "o que é discurso", ele escreve:

> A meu ver, não faz sentido definir noções fundamentais como "discurso", "língua", "cognição", "interação", "poder" ou "sociedade". Para entender essas noções, precisamos de teorias ou de disciplinas inteiras sobre os objetos ou fenômenos com os quais estamos lidando. Portanto, o discurso é um fenômeno multidimensional. Ele é, simultaneamente, um objeto (sequências, palavras ou orações dotadas de sentido) linguístico (verbal ou gramatical), uma ação (como uma afirmação ou uma ameaça), uma forma de interação social (como uma conversa), uma prática social (tal como uma palestra), uma representação mental (um significado, um modelo mental, uma opinião, um conhecimento), um evento ou uma atividade interacional ou comunicativa (como um debate parlamentar), um produto cultural (como uma telenovela) ou até mesmo uma mercadoria sendo vendida e comprada. Em outras palavras, uma "definição" mais ou menos completa da noção de discurso implicaria muitas dimensões e consistiria em muitas outras noções fundamentais que carecem de definição, isto é, de teoria, tais como significado, interação e cognição (Van Dijk, 2009: 66-67).

Duas coisas saltam aos olhos nessa longa citação. A primeira é a posição assumida por Van Dijk de não querer definir discurso (nem língua, nem cognição, nem...) por achar que isso não faz sentido. Ora, as distintas definições operacionais de língua separam correntes teóricas na linguística. As diferentes maneiras de conceber as chamadas doenças mentais separaram a psiquiatria coercitiva da antipsiquiatria em Harvard. Independentemente da complexidade dos fenômenos, os conceitos construídos para serem apreendidos pelos pesquisadores precisam ser claros e precisos. Não dá para simplesmente usar um conceito sem o definir, sem o construir teoricamente, pois um conceito não construído teoricamente, a rigor, não existe. Isso é axiomático. A segunda coisa que salta aos olhos é o fato de as palavras de Van Dijk serem emblemáticas do processo de transformação de discurso em um conceito-fetiche: discurso, para ele, são tantas coisas que, no frigir dos ovos, não é mais nada e, por isso, não tem como ser definido.

Assim como Fairclough, Van Dijk não apresenta uma definição operacional clara e precisa do conceito de discurso e contribui para sua transformação em um conceito-fetiche. E a pergunta continua: o que é discurso? A próxima seção finalmente oferece uma resposta.

## 1.5 Afinal, o que é discurso?

A pergunta no título desta seção parece uma daquelas de um milhão de dólares devido à natureza aparentemente insondável do discurso. Digo "aparentemente insondável" devido à dificuldade de encontrar uma definição operacional clara e precisa para discurso na maior parte dos textos da área de análise crítica do discurso (e, muito possivelmente, em grande parte dos textos de outras vertentes da análise do discurso).

Todavia, dificuldade não é impossibilidade, conforme provoca Widdowson (1995: 158):

> O discurso pode ser difícil de ser determinado, mas isso pode não ser apenas pelo fato de o conceito ser intrinsecamente complexo. Pode ser também porque as discussões a seu respeito têm sido confusas. E complexidade e confusão não são a mesma coisa.

Ele está certo. Afinal, um conceito teórico é um construto feito por uma corrente teórica para pesquisadores o utilizarem em seus trabalhos. Ora, se um conceito não está claro, não está preciso, isso se deve ao fato de não ter sido clara e precisamente construído.

No final da primeira seção deste capítulo, pergunto se Widdowson teria razão em criticar Fairclough (e, por extensão, a ACD) pela falta de uma definição operacional clara e precisa de discurso, conceito em voga e vago. Mas antes de responder a essa pergunta, vejamos a resposta dada por Fairclough a Widdowson a esse respeito:

> Widdowson argumenta que discurso está em voga e, contudo, é vago — e alerta para a mistura perigosa de ignorância e apelo popular. Sua estratégia é "determinar" o discurso desfazendo as confusões que ele alega terem crescido em torno desse conceito. Discurso está, sim, na moda e tem, de fato, muitos significados. Mas sugerir que sua complexidade é mero efeito de sua popularidade (quanto mais pessoas o utilizarem, mais significados ele adquirirá) e de "confusões" é superficial. O discurso se tornou o centro de preocupações dentro de uma gama notável de disciplinas e teorias, cuja base comum, sugiro, é a de que todas elas estão respondendo ao *insight* das ciências sociais contemporâneas segundo o qual a língua é constitutiva da vida social moderna em um número crucial de modos. Discurso é um importante tema transdisciplinar [...] nas ciências humanas e sociais, e o conceito de discurso é, portanto, entendido de várias maneiras e amplamente contestado. Tentar "determiná-lo" por meio de uma definição é uma tarefa infrutífera e sem esperança, a não ser que alguém deseje aprisionar-se dentro das quatro paredes de sua própria disciplina (Fairclough, 1996b: 53-54).

Mantendo-se na defensiva, Fairclough não consegue rebater a crítica por três razões. Em primeiro lugar, Widdowson não faz uma simples alegação: o conceito de discurso tem sido, sim, emaranhado em confusões conceituais, conforme inegavelmente demonstrado no início deste capítulo. Em segundo lugar, em nenhuma parte do seu texto, Widdowson sugere que a complexidade do conceito de discurso é meramente um efeito de sua popularidade. Isso não procede. Ele apenas apresenta dois fatos óbvios:

(1) o discurso é um conceito complexo;

(2) as discussões a seu respeito têm sido confusas.

Por fim, embora Fairclough destaque, corretamente, a proliferação do conceito de discurso por diferentes áreas acadêmicas, considerar infrutífera e sem esperança a tarefa de determiná-lo é bastante equivocado. Infrutífero e sem esperança é tentar elaborar uma definição de discurso para ser aceita unanimemente, mas não é infrutífero e sem esperança tentar elaborar uma definição operacional de discurso. E, vale notar, sem uma definição operacional compartilhada por disciplinas diferentes, o trabalho interdisciplinar se torna impossível, pois há o risco de as disciplinas estarem tratando de objetos diferentes.

É preciso não haver dúvida quanto a um fato: uma coisa é um fenômeno e outra coisa é um conceito construído para teorizá-lo. O conceito de átomo, por exemplo, não é o átomo, embora concebamos um átomo a partir dele. O átomo, sabemos disso atualmente, não é mais definido como uma unidade indivisível: um novo conhecimento sobre ele foi construído e, inevitavelmente, a definição desse conceito também mudou, mas o átomo como fenômeno do mundo físico continua válido. Resumindo: nosso entendimento a seu respeito mudou e isso se refletiu na (re)construção do conceito usado para teorizar esse fenômeno do universo físico.

Analogamente, podemos falar do discurso como fenômeno e como conceito. Intuitivamente, pressente-se a existência de um fenômeno estreitamente relacionado à língua e ao texto, sem que ele seja nem a língua, nem o texto. A esse fenômeno deu-se o nome de discurso. E, para pesquisá-lo, tornou-se necessário construir um conceito teórico. Portanto, o discurso como conceito teórico precisa ser construído de maneira a nos ajudar a apreender o fenômeno do discurso no mundo social, ou seja, precisa ser definido operacionalmente de forma clara e precisa.

Mas existe alguma definição de discurso com essas características? Sim. Quem a propôs foi Foucault (2008) em *A arqueologia do saber*: conjunto de enunciados apoiado em um mesmo sistema de formação, em uma mesma formação discursiva, ou seja, em um mesmo sistema de regras que determinam o que pode e o que deve ser dito a partir de uma posição dada em determinada conjuntura sócio-histórica, tornando possível a ocorrência de certos enunciados, e não de outros, em determinados momentos, lugares e localizações institucionais.

Foucault entende o enunciado como uma sequência de elementos linguísticos localizada e datada, submetida a determinado contexto histórico e cultural. Um exemplo disso é o enunciado “Ele é heterossexual”. No século XIX, esse enunciado remetia a um homem que mantinha relações sexuais com uma mulher sem propósitos reprodutivos, algo considerado moralmente terrível em uma sociedade fortemente influenciada por preceitos e preconceitos disseminados por religiosos cristãos (Cameron; Kulick, 2009). No século XXI, contudo, esse enunciado remete a um homem que não é homossexual nem bissexual nem trans, algo considerado moralmente positivo em uma sociedade LGBTfóbica como a brasileira desta primeira metade de século XXI, ainda, e infelizmente, influenciada por religiosos preconceituosos.

Vale aqui mencionar Gunther Kress, teórico da ACD cuja definição operacional de discurso é claramente baseada na definição oferecida por Foucault e citada por outros teóricos como Emília Ribeiro Pedro (1997) e Roger Fowler (2007):

> Os discursos são conjuntos sistematicamente organizados de afirmações que dão expressão aos significados e valores de uma instituição. Além disso, eles definem, descrevem e delimitam o que é possível dizer (e, por extensão, o que é possível fazer ou não fazer) com respeito à área de interesse dessa instituição. Um discurso fornece um conjunto de afirmações possíveis sobre determinada área, organiza e dá estruturação à maneira como se deve falar sobre um tópico específico, um objeto, um processo. Nesse sentido, ele fornece descrições, regras, permissões e proibições de ações sociais ou individuais (Kress, 1985: 7 *apud* Fowler, 2007: 42).

Com o conceito de discurso oferecido por Foucault, é possível vislumbrar tipos de discurso, como os discursos das minorias. Um exemplo é o discurso feminista, composto por enunciados como: "Exigimos direitos iguais para mulheres e homens"; "Meu corpo me pertence" e "Não se nasce mulher: torna-se mulher". Outro exemplo é o discurso dos povos indígenas, formado por enunciados como "Não sou índia: sou Pataxó"; "Defender as sociedades indígenas é defender a própria existência" e "Os povos indígenas são a última reserva moral dentro desse sistema".

Com Foucault, é possível vislumbrar, ainda, outros tipos de discurso como o discurso neoliberal, presente nos corredores e salas de instituições como a Federação das Indústrias do Estado de São Paulo (FIESP), do qual fazem parte enunciados como: "O Estado não deve gastar dinheiro com programas sociais" e "É preciso reduzir os direitos trabalhistas" e no qual um enunciado como "O trabalho análogo à escravidão tem de ser combatido" não tende a ocorrer.

Foucault nos mostra ser possível elaborar um conceito de discurso operacional claro e preciso. Seu conceito explicita as inescapáveis relações entre discurso e língua, discurso e texto, discurso e ideologia. Ah! E ainda salva o termo *tipo de discurso* da vaguidade na qual Fairclough o enfiou.

Defender, como Eco o faz, a necessidade de definir os conceitos teóricos para eles serem operacionais é defender a construção de conhecimentos acadêmicos compartilháveis, se não com a sociedade em geral, com setores da própria academia. E tal defesa não é ingênua: é bem provável que ela seja acusada de aderência a uma agenda (neo)positivista, uma acusação da qual posso também ser alvo, conforme fui alertado, por causa da minha defesa da necessidade de definir clara e precisamente o conceito de discurso.

Entretanto, definir um conceito teórico de forma clara e precisa não implica a adoção de uma agenda (neo)positivista, marcada por métodos hipotético-dedutivos, que leva periódicos especializados, inclusive da área de humanidades, a só aceitarem artigos e a recusarem ensaios, submetendo-se aos padrões Capes de produtivismo acadêmico. Definir um conceito teórico de maneira clara e precisa implica, isto sim, clareza no fazer acadêmico e a possibilidade de os pesquisadores descerem da torre de marfim e permitirem o intercâmbio com quem está fora dos muros da universidade. Do contrário, como os analistas do discurso poderão contribuir para fortalecer a democracia, combater as desigualdades e contribuir para a emancipação de diferentes formas de dominação, como os proponentes da ACD almejavam ao criarem esse campo de estudos, utilizando um conceito inescrutável?

Esse intercâmbio pressupõe respeito por quem não está na academia e requer resistência à hierarquização dos conhecimentos. Nesse sentido, é necessário lançar um olhar crítico a um termo caro à ACD: *crítica*. A ele se dedica o próximo capítulo.

# 2 O emblemático termo “crítica”

A ACD COMEÇA A TOMAR CORPO com a publicação de *Language and Power*, de Fairclough, em 1989. No entanto, enquanto rede de pesquisa da qual faziam parte Wodak, Van Dijk, Fairclough, Kress e Theo van Leeuwen, ela surgiu dois anos mais tarde após um simpósio realizado em Amsterdam. É o que nos contam Wodak e Meyer (2009).

Talvez por empolgação e vontade política de mudar determinadas situações sociais, essa rede assumiu objetivos louváveis, mas excessivamente ambiciosos: fortalecer a democracia; diminuir as desigualdades sociais; combater a discriminação, a injustiça, a falta de liberdade e diferentes formas de dominação. E como se propôs alcançá-los? Mediante a análise do discurso.

São utópicos tais objetivos? Será mesmo possível alcançá-los pesquisando textos dentro dos muros das universidades, ministrando palestras em congressos, publicando artigos e livros para divulgar os resultados das pesquisas? E por qual razão os membros dessa rede se consideravam capazes de atingir tais objetivos por meio da análise crítica do discurso?

Para discutir tais questões, dedico este capítulo ao C de ACD, o qual nos remete a *crítica*. Termo importante. Afinal, ele foi escolhido não apenas para diferenciar a análise do discurso dessa rede das outras análises do discurso, mas também para afirmar a posição política de quem pratica a ACD, aproximando-se da militância a favor de determinados grupos sociais. Além dessa perspectiva mais ampla, política, há duas formas mais estreitas de considerar o termo *crítica* em ACD: a forma relativa aos significados contidos nos textos e a forma relativa ao distanciamento dos pesquisadores em relação aos dados no momento da análise.

Assim, trataremos, inicialmente, do termo *crítica* do ponto de vista político. Em seguida, o abordaremos do ponto de vista textual e do ponto de vista da interpretação dos dados.

## 2.1 Engajamento político?

A ACD congrega diferentes vertentes: a ACD faircloughiana (a mais conhecida delas), a abordagem histórico-discursiva (cuja praticante mais representativa é Wodak) e os estudos críticos do discurso (capitaneados por Van Dijk, que, há alguns anos, passou a usar o acrônimo ECD no de ACD). Contudo, todas as vertentes se aproximam umas das outras e podem ser abrigadas pelo termo guarda-chuva ACD por adotarem exatamente a mesma perspectiva para analisarem discursos: a crítica.

Mas qual foi a inspiração de Wodak e dos outros pesquisadores no simpósio em Amsterdam em 1991 para vislumbrarem uma forma de fazer análise do discurso com o rótulo "crítica"? Basicamente foi a Escola de Frankfurt, da qual fizeram parte Max Horkheimer, Theodor Adorno, Herbert Marcuse, Erich Fromm e Jürgen Habermas, entre outros teóricos não menos fecundos. Em outras palavras, na origem da ACD, há uma inspiração de caráter marxista (ou neomarxista, se preferirem). Fairclough e Wodak (2005: 370) explicitam isso:

> É denominada análise crítica do discurso a análise crítica aplicada à linguagem desenvolvida dentro do "marxismo ocidental".

E qual a relação entre o neomarxismo e o termo *crítica*? Bem, os teóricos da Escola de Frankfurt, neomarxistas por definição, se exilaram nos Estados Unidos fugindo da perseguição do regime nazista. Então, conforme Martyn Hammersley (1997), tendo o termo *marxismo* se transformado em um tabu nas terras do Tio Sam, aqueles teóricos adotaram o eufemismo *crítica* para evitar o uso do termo proibido. Alguém pode considerar isso folclore, mas a conjuntura estadunidense na qual imperava a perseguição dos macarthistas contra todas as pessoas envolvidas, de alguma forma, com as teorias marxistas torna muito plausível essa hipótese do eufemismo proposital. No entendimento de Hammersley, hoje o termo *crítica* ainda é um eufemismo, porém, não mais pelo fato de o marxismo ser um tabu (ou um crime aos olhos neuróticos dos macarthistas), e sim por ele estar desacreditado em razão do colapso das economias da União Soviética e dos países da Cortina de Ferro no final da década de 1980.

Ruth Breeze esclarece a ideia de crítica a partir da influência da Escola de Frankfurt:

> A Escola de Frankfurt consistia em um grupo de pensadores interessados na maneira como a teoria marxista poderia lançar luz sobre os desenvolvimentos do capitalismo do século XX. Eles perceberam que o determinismo econômico proposto por Marx não era mais relevante para as circunstâncias correntes e, por isso, concentraram sua atenção nas mu-

danças no capitalismo que, segundo eles, levaram à perpetuação de estruturas opressivas por meios ideológicos. Para entender a relevância desse pano de fundo, é importante enfatizar que os teóricos marxistas diferiam de outros sociólogos da época em sua tendência normativa: enquanto a maioria dos cientistas sociais acreditava ser seu papel observar e interpretar, mais ou menos como os cientistas naturais poderiam observar e interpretar o mundo natural, as ciências sociais marxistas acreditavam ser sua tarefa julgar e prescrever. Portanto, sua postura era "crítica" porque [seus teóricos] se sentiam autorizados a avaliar o que estava acontecendo na sociedade e porque sentiam dispor de padrões apropriados com base nos quais poderiam fazer suas avaliações. Em suma, os teóricos dessa escola acreditavam ter acesso ao conhecimento não apenas de como a sociedade é, mas também de como ela poderia e deveria ser (Breeze, 2011: 496).

A partir desse esclarecimento, assumir uma perspectiva crítica inspirada na Escola de Frankfurt para fazer pesquisa implica seguir, *grosso modo*, três passos em relação ao objeto da pesquisa: descrição, interpretação e avaliação.

Descrever e interpretar um fenômeno da linguagem são passos presentes em qualquer investigação em áreas consagradas dos estudos linguísticos, inclusive naquelas nas quais impera a perspectiva positivista. Avaliar esse fenômeno, porém, não faz parte dos passos metodológicos de todas as pesquisas. E isso era criticado pelos teóricos da Escola de Frankfurt, os quais, provavelmente, tinham resistência ao descritivismo. Afinal, segundo Stef Slembrouck, há quem veja o descritivismo potencialmente servindo ao *status quo* por sugerir que

> [...] as práticas institucionais predominantes eram aceitas como dados contemporâneos abertos à descrição, mas que não são pensados como resultados historicamente condicionados nem representados como sujeitos à mudança nem à luta por mudanças (Slembrouck, 2001: 36).

Nesse sentido, a ACD, supostamente, apresentaria um diferencial importante em relação a outros campos dos estudos linguísticos, pois se moveria um passo adiante avaliando o objeto de investigação.

Avaliar o fenômeno pesquisado não apenas diferencia a perspectiva crítica da perspectiva não crítica de análise do discurso, mas também causa polêmica. A esse respeito, Hammersley (1997: 237) pergunta e responde:

O que significa exatamente adicionar a palavra "crítica" à expressão "análise do discurso"? Em sua formulação mais simples, ela implica um abandono de qualquer restrição à *avaliação* dos textos e contextos estudados" (destaque do autor).

Ora, se não há restrições, como estabelecer critérios objetivos para realizar uma avaliação com o rigor metodológico exigido pela academia para as pesquisas ditas científicas? Sem restrições, a avaliação pode se configurar como a realização de juízos de valor. Nesse caso, surge uma pergunta: avaliar com base em juízos de valor, em um contexto acadêmico, é uma tarefa legítima de quem pesquisa?

A polêmica aumenta quando se acrescenta um quarto passo à pesquisa em ACD: a prescrição. Mais especificamente: a prescrição de maneiras de como a sociedade deveria ser. Segundo Hammersley (1997: 238), o termo *crítica* se refere a formas de pesquisa nas quais se pressupõe que uma abordagem crítica "produz não apenas conhecimentos que nos permitem entender como a sociedade *é*, mas também como ela *pode* e *deve* ser" (destaques do autor). Suas palavras são ecoadas pelas palavras de Breeze (2011), anteriormente citadas.

Gunther Kress deixa isso explícito ao comentar a agenda política dos estudos críticos da linguagem:

> Os estudos críticos da linguagem, a linguística crítica (LC) e a análise crítica do discurso (ACD) tiveram, desde o princípio, um projeto político: em termos gerais, o projeto de alterar as distribuições desiguais dos bens econômicos, culturais e políticos nas sociedades contemporâneas. A intenção tem sido pôr em crise um sistema de excessivas desigualdades de poder, revelando seu funcionamento e seus efeitos por meio da análise de objetos culturais potentes — textos — e, assim, ajudar a alcançar uma ordem social mais igualitária. A questão, então, tem sido de transformação, perturbando a ordem existente e modificando seus elementos em um arranjo menos prejudicial para alguns e, talvez, mais benéfico para todos os membros de dada sociedade (Kress, 1996: 15).

Essa é uma agenda política louvável, mas, talvez, ambiciosa demais. Afinal, como Kress imagina ser capaz de instalar a crise num sistema atravessado por desigualdades de várias ordens fazendo análise dos discursos presentes nos textos, por mais "potentes" que sejam esses objetos culturais? Bem, ele sugere fazê-lo por meio da construção do currículo escolar, considerado uma espécie de projeto para um futuro sujeito social e, por meio desse sujeito, para uma futura sociedade, ideal ou próxima do ideal.

A ideia de Kress é louvável e muito bem-vinda nesses tempos de tantas e tão visíveis desigualdades. No entanto, não há como não desconfiar de sua viabilidade, por duas razões.

A primeira é a necessidade de os responsáveis pela construção dos currículos escolares terem o mesmo objetivo político de Kress: formar sujeitos capazes de transformarem a sociedade atual em uma com menos desigualdades, mais justa. E isso é pouco provável, se não impossível, de acontecer, pois todos (ou, pelo menos, a maioria com poder decisório) teriam de compartilhar a mesma agenda política de Kress. Em todos os países do mundo, há educadores conservadores, em cuja agenda política se aninha o propósito de não deixar a sociedade mudar e, se possível, fazê-la regredir em termos de liberdade civil e de equalização de direitos civis. Uma demonstração disso é a inacreditável existência de docentes no Brasil que defendem o ilógico projeto Escola sem Partido.

A segunda razão para desconfiarmos da proposta de Kress é o fato de ele parecer não levar em consideração as ações dos grupos dominantes para a manutenção do *status quo*. Esses grupos não assistiriam a essa construção passivamente. Retomemos o projeto Escola sem Partido. Ele é uma evidência irrefutável da resistência dos grupos conservadores — principalmente de religiosos partidarizados representados pela bancada evangélica no Congresso Nacional — a qualquer tentativa de formar pessoas cidadãs com preparo suficiente para a vida numa sociedade multicultural, respeitando e aceitando as diferenças étnico-culturais e as diferenças de gênero e de crença religiosa, por exemplo.

Kress não é o único analista crítico do discurso a explicitar seu engajamento político. Ao responder à pergunta: "Em que sentido a ACD é crítica?", Fairclough (2009: 163) também revela sua adesão a uma agenda política. Segundo ele, o objetivo da pesquisa social crítica é contribuir para lidar com os males sociais da atualidade — injustiça, desigualdade e falta de liberdade. E como ele propõe à pesquisa social crítica fazer isso? Por meio da análise das causas desses males, da resistência a eles e das possibilidades de extirpá-los da sociedade. Essa análise é, obviamente, a análise do discurso, cujo objeto de investigação é não apenas um texto, mas também seus processos de produção, circulação e recepção.

A resposta de Fairclough nos leva a algumas perguntas inevitáveis. Uma delas é: qual liberdade ele tem em mente ao mencionar falta de liberdade? Podemos pensar em liberdade de expressão, liberdade religiosa, liberdade de imprensa, liberdade civil e liberdade física, entre outras. E essa pergunta gera outra: como análises críticas de discursos podem contribuir para garantir esses e outros tipos de liberdade? Mesmo em uma sociedade (fragilmente) democrática como a brasileira, é difícil imaginar, por exemplo, como a ACD contribuirá para o fim do trabalho análogo à escravidão (ainda uma lamentável realidade em propriedades rurais, empresas e casas no Brasil), para a garantia da liberdade religiosa dos povos de santo (frequentemente vítimas de crimes de intolerância religiosa por parte de supostos cristãos) e para a garantia da liberdade de cátedra de todos os docentes (ameaçada pelo Escola sem Partido).

Embora Fairclough não explicite a qual injustiça se refere e quais grupos são vítimas dela, ele provavelmente concebe a injustiça a partir da visão dos grupos historicamente marginalizados ou discriminados, como as mulheres, as pessoas LGBTQIAPN+ e as pessoas negras. E isso provoca outra pergunta: como os analistas do discurso se situam na balança de forças com os grupos que mantêm as diversas formas de injustiça? Esses grupos controlam importantes aparelhos ideológicos de Estado, como as TVs aberta e fechada, as rádios, os jornais e as revistas semanais de grande circulação, determinadas instituições jurídicas e as igrejas. Claramente, tomando como parâmetro a sociedade como um todo, a apresentação de palestras em eventos acadêmicos e a publicação de artigos em periódicos científicos, de livros e de capítulos em coletâneas não têm grande alcance e, no caso da ACD em particular, considerando-se a sociedade como um todo, tendem a alcançar uma audiência bem pequena, praticamente se limitando a estudantes e docentes dos cursos de Letras interessados na área.

O próprio Fairclough, talvez antecipando alguma crítica, reconhece essa dificuldade em *Language and Power* ao comentar a escrita de seu livro:

> Tentei fazer este livro o mais acessível e o mais praticamente utilizável possível, mas, independentemente de quão prática a organização de um livro desse tipo pode ser, por si só, ele é claramente insuficiente para alcançar a maioria das pessoas que poderiam fazer bom uso de alguma forma de análise crítica da linguagem — e isso, como eu disse, realmente inclui a todos. Ele precisa ser complementado por panfletos, folhetos

e outros tipos de material (filmes, vídeos, desenho animado) que muitas pessoas considerem mais palatáveis do que os livros. Minha esperança é a de que, entre os leitores deste livro, haja educadores capazes de levar este trabalho adiante (Fairclough, 1989: 5).

Para quem se propõe a trabalhar com a análise dos processos de produção, circulação e consumo dos textos, Fairclough parece estar perdido quanto a como fazer chegar às pessoas fora do meio acadêmico suas análises do discurso e propostas de emancipação. Os gêneros textuais por ele sugeridos para fazer circular suas análises e propostas causam certa desconfiança quanto a sua eficácia. Afinal, como um panfleto ou um folheto podem ser usados para tais fins? O panfleto é composto de apenas uma folha, geralmente pequena, espaço obviamente insuficiente para expressar ideias de maneira convincente. E mesmo se o panfleto tivesse espaço suficiente, quem iria financiar sua impressão e pagar pessoas para distribuí-lo nas ruas? E isso se daria nas ruas de todas as cidades de um país? Já o folheto tem espaço suficiente para resumir suas ideias por poder ser composto de várias páginas, mas novamente surge a questão de quem financiaria sua produção e distribuição. Essa questão também está relacionada aos outros gêneros textuais propostos, bem mais complexos: filme, desenho animado e vídeo. (A propósito, como assim filme e vídeo?) Novamente, pairam dúvidas no ar: a exibição dos filmes e dos desenhos animados ocorreria na TV aberta, na fechada, no cinema, nos *streamings* ou no YouTube? Essas duas últimas opções, obviamente, não existiam na época da publicação do livro de Fairclough. E quem pagaria roteiristas, atrizes, atores, diretoras, diretores, figurantes e as outras pessoas envolvidas na produção?

Em suma, como Fairclough e, por extensão, a ACD podem ajudar, em termos concretos, materiais, os grupos sociais atingidos por injustiças? Como podem realizar a tarefa tão complicada de lidar com os males sociais por meio da análise do discurso? Isso não fica claro em nenhum de seus textos. Além disso, não basta manter acesa a esperança de que educadores capazes leiam seu livro e materializem suas ideias.

Talvez ele devesse ter focado um objetivo prático e menos ambicioso anunciado em *Language and Power*:

> [...] ajudar a elevar a consciência de como a linguagem contribui para a dominação de algumas pessoas por outras, porque a consciência é o primeiro passo para a emancipação (Fairclough, 1989: 1).

Esse objetivo pode ser considerado exequível se elaborado a partir de uma perspectiva pedagógica, pensando, por exemplo, na formação de leitores críticos, sem necessariamente haver a construção de um currículo, como a vislumbrada por Kress na sua proposta de construção curricular.

Além de Kress e Fairclough, Wodak e Meyer também evidenciam seu alinhamento à agenda política neomarxista ao afirmarem:

> As teorias críticas, portanto, também a ACD, querem produzir e transmitir conhecimento crítico que permita aos seres humanos se emanciparem das formas de dominação por meio da autorreflexão. Tais teorias buscam não apenas descrever e explicar, mas também erradicar um tipo particular de falsa crença[3]. Mesmo com diferentes conceitos de ideologia, a teoria crítica busca criar consciência nos agentes acerca de suas próprias necessidades e interesses (Wodak; Meyer, 2009: 7).

Três pontos nesta citação chamam a atenção: conhecimento crítico, emancipação de formas de dominação por meio da autorreflexão e a erradicação de formas particulares de falsas crenças.

Wodak e Meyer não explicitam o sentido do termo *conhecimento crítico*. Por isso, podem acabar levando os leitores a tentarem vincular esse termo ao tópico ali tratado, *i.e.*, teorias críticas. Então, o conhecimento crítico seria o conhecimento produzido por quem adota as teorias críticas? Por extensão, como se chamaria o conhecimento produzido por quem não as adota? Conhecimento acrítico? E qual o sentido de conhecimento crítico, afinal? Não deve ser a mesma coisa que os gestores corporativos, por exemplo, chamam de conhecimento crítico.

De toda maneira, seja qual for a definição de conhecimento crítico com a qual Wodak e Meyer operam, é bastante questionável a ideia segundo a qual esse conhecimento seria produzido pela ACD para possibilitar aos seres humanos se emanciparem das formas de dominação por meio da autorreflexão provocada por esse mesmo conhecimento. Questionável por eles atribuírem à ACD a tarefa de pensar criticamente para produzir conhecimento crítico, enquanto aos seres humanos caberia o

[3] A palavra *delusion* pode ser traduzida como "delírio", "ilusão" e "crença falsa". Descartei a primeira possibilidade por ela ser mais apropriada a textos sobre psicanálise e a segunda por ter um equivalente em inglês: *illusion*. Optei pela terceira acepção ante sua proximidade com a ideia de ideologia como falsa consciência (sem com isso dizer que eu concorde com essa ideia).

papel de usar esse conhecimento para refletirem e buscarem a emancipação. Ora, por que os seres humanos não podem pensar criticamente e produzir conhecimento a partir disso?

Nesse momento, é impossível não notar: Wodak e Meyer usam "ACD" no lugar de "analistas críticos do discurso", invisibilizando o sujeito do ato de produzir conhecimento crítico. Esse jogo metonímico, contudo, não apaga o fato de descolocarem os analistas críticos do discurso do grupo de seres humanos. Não sei se isso é proposital ou não, mas certamente vai se refletir na maneira como a ACD trata os não analistas do discurso, como veremos na próxima seção.

O segundo ponto a comentar a partir daquela citação é o objetivo vinculado ao desejo da ACD de produzir e veicular o conhecimento crítico: permitir aos seres humanos a emancipação de formas de dominação por meio da autorreflexão. Esse é um desejo louvável, mas bem difícil de ser realizado por duas razões.

A primeira é o fato de Wodak e Meyer não explicitarem as formas de dominação às quais se referem. E isso dificulta, para quem lê seu texto, saber exatamente de qual forma de dominação é possível se emancipar apenas pela autorreflexão criada pelo acesso ao conhecimento crítico.

A segunda razão é a visão simplista segundo a qual basta às pessoas terem acesso a determinado tipo de conhecimento, no caso, o crítico, para fazerem uma autorreflexão e, assim, se emanciparem das formas de dominação.

Isso remete às palavras de Franz Boas usadas por Fairclough como epígrafe do primeiro capítulo de *Language and Power*:

> Como reconhecemos as algemas que a tradição nos impôs? Porque, se as reconhecemos, também somos capazes de quebrá-las.

Essa não é uma epígrafe gratuita. Nenhuma é. Fairclough a selecionou com alguma intenção. Talvez a tenha escolhido para metaforizar o projeto emancipador da ACD. Mas, basta reconhecermos as algemas para sermos capazes de quebrá-las? A coisa não é tão simples assim. Infelizmente!

A fim de percebermos as restrições da ACD para cumprir sua agenda emancipadora, pensemos em duas formas concretas de dominação: o trabalho análogo à escravidão e a supremacia masculina.

No Brasil, o sistema "casa-grande e senzala" subsiste sob novas roupagens. Uma delas é o terrível trabalho análogo à escravidão mantido por fazendeiros e empresários; às vezes, até por indivíduos em suas casas. Se tiverem acesso ao conhecimento crítico produzido pela ACD, as pessoas submetidas a essa desumana forma de trabalho farão uma autorreflexão e se emanciparão dessa forma de dominação? Basta-lhes ter acesso ao conhecimento para fazerem a autorreflexão? E basta-lhes fazer uma autorreflexão para alterarem as condições materiais de existência às quais estão submetidas? E os fazendeiros e empresários que submetem seres humanos a essa condição farão uma autorreflexão e contribuirão para a emancipação ocorrer? Um presidente da República e ministros sem a menor preocupação com as pessoas socialmente vulneráveis farão uma autorreflexão? Perguntas retóricas.

Pensemos agora na supremacia dos machos defensores de sua suposta superioridade em relação às mulheres. Há séculos, seus comportamentos e atitudes machistas submetem as mulheres a desigualdades e a violência física, emocional e psicológica. Elas farão uma autorreflexão após terem acesso ao conhecimento crítico e, assim, se emanciparão dessa forma de opressão? Como farão isso? Os religiosos patriarcais e os machos misóginos não resistirão, não farão um movimento contrário de convencimento das mulheres, não resistirão à luta das mulheres? Mais perguntas retóricas.

Como a ACD fará o conhecimento crítico chegar aos grupos de pessoas submetidas a alguma forma de dominação? Quais seriam os meios para isso?

A publicação de artigos em periódicos especializados e em livros que circulam intramuros na universidade? A realização de comunicações e palestras em congressos acadêmicos? A distribuição de panfletos, folhetos, filmes e desenhos animados, como já sugeriu Fairclough? E caso o conhecimento chegue a esses grupos, seus membros realizarão uma autorreflexão? E se a realizarem, chegarão aos mesmos sentidos e conclusões aos quais chegaram os pesquisadores que produziram o conhecimento crítico comunicado? Como garantir isso? Essas perguntas não são retóricas.

O compartilhamento de conhecimentos é essencial para levar as pessoas a refletirem sobre questões de variadas ordens. Contudo, a autorreflexão, mesmo ajudando-as a se tornarem conscientes de sua condição social e política, não lhes basta para se emanciparem quando submetidas a determinadas formas de dominação. A autorreflexão é um processo individual, mas indivíduos não mudam um sistema: é necessária a organização desses indivíduos para formarem grupos com força suficiente para pressionar o sistema e tentar alterá-lo.

Mesmo que o conhecimento crítico provoque a autorreflexão, a emancipação pode não vir facilmente. O *apartheid* sul-africano é uma triste evidência disso. As pessoas negras certamente já haviam feito muita autorreflexão, estavam conscientes da situação injusta à qual estavam submetidas, desejavam se emancipar da dominação imposta pelos supremacistas brancos e literalmente lutavam para atingir esse objetivo. Entretanto, as poderosas forças político-econômicas dos brancos racistas, resquícios da colonização britânica, infligiam muito sofrimento e impunham derrotas sucessivas à população oprimida, culminando com a prisão de Nelson Mandela. Foi necessária a mobilização de outros países, na figura da Organização das Nações Unidas — obviamente movidos por seus próprios interesses econômicos e geopolíticos e não por mera solidariedade desinteressada —, seguida da imposição de sanções econômicas à África do Sul, para o *apartheid* ser encerrado, Mandela ser solto e a Constituição do país ser reescrita.

Como o conhecimento crítico e a autorreflexão poderiam, por si sós, levar ao fim do *apartheid*? As coisas nunca são tão simples assim. Além das condições materiais de existência e das forças políticas e econômicas conservadoras, há outro elemento a ser tomado em conta na discussão acerca da luta pela emancipação: o sujeito. Ele pode fazer escolhas contrárias ao próprio interesse. É o caso de muitas pessoas da classe média brasileira, conforme provocação de Marilena Chauí em uma palestra no Teatro Castro Alves proferida por ocasião da comemoração dos 70 anos da Universidade Federal da Bahia no dia 14 de julho de 2016. Para ela, há médicos, por exemplo, que, mesmo trabalhando para hospitais com carteira assinada, não se consideram parte da classe trabalhadora, nutrem o sonho de fazer parte da burguesia e temem o pesadelo de fazer parte do proletariado. Dessa forma, muitos deles provavelmente não adeririam a uma agenda crítica como a adotada pela ACD por acreditarem fazer parte da burguesia mesmo que, para isso, tenham de se submeter a alguma forma de opressão, de exploração por parte dos hospitais e clínicas para os quais trabalham. Não foi por acaso que Étienne de la Boétie escreveu o *Discurso sobre a servidão voluntária* em 1563, revisitado por Chauí em seu livro *Contra a servidão voluntária*.

E isso nos leva ao terceiro ponto da citação de Wodak e Meyer relacionado ao termo *crítica*: a erradicação de formas particulares de falsas crenças. Eles não explicitam quais seriam elas, mas, como mencionam a criação de "consciência nos agentes acerca de suas próprias necessidades e interesses", provavelmente se referem aos discursos naturalizados pela ideologia, suposta responsável pela ocultação de sentidos nos textos. Voltaremos a isso na próxima seção, por conta de sua estreita relação com o sentido do termo *crítica* a partir de uma perspectiva textual.

Assim como Wodak e Meyer, Van Dijk também explicita seu engajamento político:

> A análise crítica do discurso (ACD) é uma pesquisa analítica do discurso que primariamente estuda a forma como o abuso do poder social e a desigualdade são decretados, reproduzidos, legitimados e confrontados por meio de textos e de conversas no contexto social e político. Com essa *pesquisa dissidente*, os analistas críticos do discurso assumem uma posição explícita e, portanto, querem entender, expor e, em última instância, combater a desigualdade social. É por isso também que a ACD pode ser caracterizada como um *movimento social* de analistas do discurso politicamente comprometidos (Van Dijk, 2015: 466; destaques do autor).

Vê-se aqui o mesmo problema das palavras de Fairclough e das de Wodak e Meyer: um engajamento político imponderado.

Kress, pelo menos, faz uma proposta de intervenção pedagógica, embora praticamente impossível de ser materializada. E sua proposta foi movida, muito provavelmente, por sua consciência da limitação da agenda política da ACD no sentido de parar na análise e não produzir nada de concreto:

> Os projetos críticos de linguagem têm permanecido apenas isto: críticas de textos e das práticas sociais implícitas ou percebidas nesses textos, desvelando, revelando estados de coisas desiguais, desumanizadores e deletérios. Eu gostaria de sugerir que, se os projetos críticos de linguagem desenvolvessem teorias plausíveis, adequadas, desse domínio, eles seriam capazes de se mover da leitura crítica, da análise, da atividade desconstrutivista, para uma atividade produtiva (Kress, 1996: 15-16).

Indo ao encontro da crítica de Kress, Norma Manjarrés (2007) lembra que a ACD, na maioria das vezes, expõe a desigualdade e para aí.

Não segue adiante. Ela está certa, pois nem Fairclough, nem Wodak, nem Meyer, nem Van Dijk explicam como combaterão a desigualdade, a injustiça, a falta de liberdade e as formas de dominação praticando análise do discurso. Vale evocar aqui um comentário de Michael Toolan (1997: 88):

> Não é óbvio que a análise, feita pela ACD, de um pronunciamento de John Major, ou de um discurso racista, levará mais diretamente a uma mudança no mundo do que, por exemplo, um comentário de um crítico literário tradicional sobre *O mercador de Veneza*, a controversa desvalorização de *As aventuras de Huckleberry Finn* feita por Jane Smiley, ou a defesa de *A cabana do Pai Tomás* como um romance superior em um número recente da *Harper's Magazine* (setembro de 1995) (Toolan, 1997: 88).

Nesse sentido, como provoca argutamente Manjarrés, a pesquisa não deveria se concluir com a publicação de um estudo se a ACD estivesse comprometida com a mudança:

> Uma análise inteligente geralmente termina com uma publicação respeitável, uma tese de doutorado ou aplausos ao final de uma apresentação acadêmica diante de colegas que alimentam a vaidade do pesquisador (Manjarrés, 2007: 237).

Pois é. Se a pesquisa visa a ações de emancipação dos seres humanos, ao fim das desigualdades, ela não deveria parar na publicação ou na palestra, mas, na verdade, ela para.

Não por acaso, Hammersley critica asperamente a agenda política da ACD apontando o traço talvez mais danoso para essa área de conhecimento:

> [...] a ambição extraordinária da tarefa a que se propõe. Ela objetiva realizar muito mais do que outros tipos de análise do discurso. Não apenas pretende oferecer uma compreensão dos processos discursivos, mas da sociedade como um todo, do que está errado com ela e de como pode e deve ser mudada. Consequentemente, enfrenta todas as dificuldades metodológicas com as quais os tipos mais tradicionais de pesquisa têm de lidar, assim como muitas outras ainda (Hammersley, 1997: 244-245).

No início deste capítulo, fizemos duas perguntas sobre os objetivos da ACD. Agora podemos respondê-las. A primeira é se esses objetivos são utópicos; a segunda é se realmente é possível alcançá-los pesquisando textos dentro dos muros da universidade para divulgar os resultados da pesquisa por meio de participação em congressos e da publicação de artigos, livros e capítulos em obras coletivas.

Essas duas perguntas se entrelaçam. Combater os males sociais, ajudar os seres humanos a se emanciparem de diferentes formas de dominação e fortalecer a democracia são objetivos que todos deveríamos perseguir. Quem, em sã consciência e com um mínimo de humanidade no coração, iria se pôr contra eles, à exceção dos opressores? Entretanto, o problema de como alcançá-los apenas pela análise do discurso não é resolvido pela ACD, pois as pessoas de fora da academia e mesmo muitos membros da própria comunidade acadêmica não serão, necessariamente, influenciados pelas publicações ou pelas apresentações de trabalhos acadêmicos. E se a pesquisa estabelece objetivos excessivamente ambiciosos, claramente inatingíveis por meio da análise crítica do discurso, eles se revestem de uma roupagem utópica.

Adotar uma agenda política na qual se defendem causas importantes como a emancipação de formas distintas de dominação e o fim das desigualdades foi academicamente muito importante, admite um dos críticos mais ferrenhos da ACD, por levar à seara da linguística uma mais que necessária discussão política sobre um mundo brutalmente desigual. Por sua preocupação com a relevância da vida social, a ACD tocou a consciência acadêmica, reconhece Widdowson (1998: 136). Mais especificamente, politizou a linguística aplicada, como lembra Slembrouck (2001), outro crítico da ACD.

Na próxima seção, veremos o termo *crítica* a partir da perspectiva textual, estreitamente vinculada à perspectiva política.

## 2.2 Os seguidores do véu na busca dos sentidos ocultos

Certa vez, um filósofo francês, preocupado com a suposta falta de poder dos leitores no processo de produção de sentidos, escreveu:

> O nascimento do leitor tem de pagar-se com a morte do autor.

Era Roland Barthes (2004: 64), no seu famoso texto "A morte do autor", mostrando-se disposto a pagar o preço e a semear a discórdia na estética da recepção.

Alguns autores se engajaram na tarefa de conceder mais poderes ao leitor. Stanley Fish talvez tenha sido o mais combativo deles, mas acabou pulando fora dessa barca tempos depois por causa de teóricos como Richard Rorty, Terry Eagleton e Umberto Eco, com seus argumentos irrefutáveis em defesa dos direitos do texto e com a reafirmação do estatuto teórico dos significados literais neles inseridos pelos autores, deixando sem salvação o conceito fishiano de comunidades interpretativas.

Essa luta entre o poder do texto e o poder do leitor é chamada por Eco de dialética entre os direitos dos textos e os direitos de seus intérpretes. Em 2001, em tom provocativo, ele afirmava que os direitos dos intérpretes haviam sido exagerados no decorrer das últimas décadas. A implicação de sua provocação é clara: os leitores têm poder interpretativo obviamente, mas não ilimitado (2001: 27). E os limites lhes são impostos exatamente pelos sentidos infundidos nos textos pelos autores.

Curiosamente, a ACD parece conferir poderes exagerados tanto aos textos quanto a um grupo supostamente seleto de intérpretes: os analistas críticos do discurso.

Como vimos na seção anterior, Kress (1996) considera os textos "objetos culturais poderosos". Fairclough diz a mesma coisa, com mais palavras:

> [...] os textos têm resultados variáveis, tanto em natureza discursiva quanto em natureza extradiscursiva. Alguns textos levam a guerras ou à destruição de armas nucleares; outros levam as pessoas a perderem ou a conseguirem empregos; outros, ainda, mudam as atitudes, as crenças ou as práticas das pessoas (Fairclough, 2017 [1992]: 79).

Serão os textos tão poderosos assim? É parcialmente procedente a ideia segundo a qual os textos levam as pessoas a perderem ou a conseguirem empregos. Em tempos de redes sociais e de ignorância acerca do real sentido da liberdade de expressão, vez por outra, surgem notícias de pessoas que perderam o emprego por causa de postagens preconceituosas ou ofensivas. Também é possível imaginar situações em que pessoas foram contratadas por empresas devido a seu *curriculum vitae*, mesmo apresentando um desempenho posterior muito abaixo das expectativas criadas por esse documento. Já houve até um quase ministro da Educação cujo currículo Lattes, repleto de inconsistências, contribuiu para ele não sair do "quase" e perder o cargo antes mesmo de ser nomeado.

De todo modo, essa ideia de Fairclough procede apenas parcialmente, pois não se deve esquecer o contexto no qual se inserem os textos, constituído por elementos como, entre outros, quem os produziu, para quem foram produzidos, em qual situação institucional se dá sua produção e recepção. Os repórteres da grande imprensa têm muito mais poder simbólico para, com seus textos, provocarem efeitos na sociedade quando comparados aos analistas do discurso com suas análises e interpretações publicadas e apresentadas sempre para seus pares.

Esses elementos contextuais podem provocar consequências contrárias às normalmente esperadas. Por exemplo, nem todas as postagens racistas, homofóbicas ou nordestinofóbicas levam à perda de emprego de quem as publica simplesmente pelo fato de isso depender dos posicionamentos ideológicos dos empregadores em relação às questões de raça, gênero e origem geográfica. Quanto aos currículos, há dois casos emblemáticos da relativização do poder dos textos por conta de elementos contextuais. Damares Alves, Ministra da Mulher, Família e Direitos Humanos do Brasil de janeiro de 2019 até março de 2022, deu informações falsas à imprensa sobre sua formação acadêmica. Ela se disse mestra em educação e em direito constitucional e direito da família. Descobriu-se, logo depois, que ela não tem nenhum desses títulos, mas nem por isso sofreu nenhum tipo de punição ou sequer uma repreensão ou advertência. A mentira se deu no início do governo federal recém-empossado, não havendo ainda pressões contrárias por parte da maioria da população. Consequências sofreu o quase Ministro da Educação Carlo Alberto Decotelli, indicado para o cargo em um momento no qual a aprovação do Presidente da República era baixíssima por causa da sua inoperância e do seu descaso em relação à pandemia provocada pela covid-19 e por causa das graves denúncias envolvendo dois de seus filhos.

Ao afirmar que alguns textos levam a guerras e à destruição de armas nucleares, Fairclough lhes concede um poder exagerado. Sua forma de conceber as causas das guerras soa muito simplista, pois os conflitos bélicos são invariavelmente causados por questões geopolíticas às quais subjazem interesses econômicos travestidos ou não de razões religiosas, humanitárias ou de outra natureza. Serve como exemplo disso a Declaração de Guerra dos Estados Unidos à Alemanha, divulgada em 11 de dezembro de 1941. É um texto? Sim. Oficializou o início da guerra entre as duas nações? Sim. Levou os Estados Unidos à guerra contra os nazistas? Não. Ele apenas formalizou uma decisão tomada por um conjunto de empresários, banqueiros, políticos e militares (nessa ordem) em uma determinada conjuntura histórica por objetivos geopolíticos e econômicos igualmente determinados.

Em 2003, onze anos após a publicação de *Discourse and Social Change*, Fairclough publicou *Analysing Discourse: Textual Analysis for Social Research*, no qual reafirma o poder do texto e, ao mesmo tempo, tenta relativizá-lo, mas sem sucesso. Vejamos a reafirmação:

> Os textos como elementos de eventos sociais [...] têm efeitos causais — *i.e.*, eles levam a mudanças. Mais imediatamente, os textos podem provocar mudanças em nosso conhecimento (podemos aprender coisas a partir deles), nossas crenças, nossas atitudes, valores e assim por diante. Eles também possuem efeitos causais de mais longo prazo — alguém pode argumentar, por exemplo, que uma experiência prolongada de publicidade e de outros textos comerciais contribui para moldar as identidades das pessoas como 'consumidoras' ou suas identidades de gênero. Os textos também podem desencadear guerras ou contribuir para mudanças na educação ou nas relações industriais, e assim por diante. Seus efeitos podem incluir mudanças no mundo material tais como mudanças no *design* urbano ou na arquitetura e no *design* de tipos específicos de edificação [...] (Fairclough, 2003: 8).

Vejamos sua tentativa de relativização:

> Precisamos, contudo, ter clareza sobre qual tipo de causalidade é essa. Ela não é uma simples causalidade mecânica — não podemos, por exemplo, alegar que características específicas dos textos automaticamente provoquem mudanças específicas no conhecimento ou no comportamento das pessoas ou efeitos sociais específicos. E a causalidade também não é o mesmo que regularidade: pode não haver uma padrão regular de causa e efeito, mas isso não significa a inexistência de efeitos causais. Os textos podem ter efeitos causais sem serem necessariamente regulares porque muitos outros fatores no contexto determinam se textos específicos realmente têm tais efeitos, por exemplo, em diferentes intérpretes (Fairclough, 2003: 8).

Ora, em um parágrafo, ele afirma o poder de os textos provocarem mudanças, sendo algumas mais imediatas e outras de mais longo prazo. Repete, inclusive, a ideia segundo a qual os textos podem desencadear guerras. No parágrafo seguinte, afirma não ser possível alegar que características específicas do texto automaticamente provoquem mudanças. Então, como os textos provocam mudanças mais imediatas no conhecimento, nas crenças e nos valores? Qual a diferença entre "mais imediatamente" e "automaticamente"? Seriam efeitos regulares os que sempre ocorreriam quando uma pessoa lesse determinado texto independentemente de quem fossse ela?

Fairclough não explica esses pontos nem dá exemplos para ilustrar suas afirmações. Fica a sensação de ele ter consciência de haver exagerado quanto ao poder dos textos e, mesmo assim, não conseguir abrir mão desse exagero, pois insiste num ponto: os textos produzem efeitos causais, embora possam não ser regulares.

A respeito do poder exagerado conferido pela ACD aos textos, Allan Luke (2002) comenta que só se pode descrever o seu verdadeiro poder e, por extensão, suas consequências discursivas e materiais se eles forem descritos a partir de modelos socioteóricos de mundo mais amplos (os quais, acrescento, a ACD não fornece). Caso contrário, alerta Luke, corre-se o risco de fetichizar o poder do texto.

É necessário não confundir a formalização escrita das ações e das decisões dos agentes sociais com as próprias ações e decisões. Por exemplo, a Emenda Constitucional número 103 de 12 de novembro de 2019 é um texto escrito e formaliza um conjunto de ações e decisões para a implementação de uma reforma previdenciária bastante prejudicial às classes trabalhadoras. Ela materializou as decisões tomadas pelo Governo Federal e pelo Congresso Nacional daquela época, de um lado, e por banqueiros, fazendeiros, empresários e militares, de outro, e excluiu as classes trabalhadoras do processo decisório. A fetichização do texto ocorre ao se atribuir a precarização da previdência das classes trabalhadoras à emenda constitucional invisibilizando-se as ações e as decisões de quem realmente é responsável por essa precarização.

Talvez fetichizar os textos conferindo-lhes tanto poder seja uma forma, consciente ou inconsciente, de indiretamente valorizar um grupo seleto de intérpretes capazes de lê-los criticamente, ou seja, de desvelar seus sentidos ocultos.

Esse outro sentido do termo *crítica* é explicitado por Fairclough (2017 [1992]: 9) em um trecho muito conhecido de *Discourse and Social Change*:

> A "crítica" implica mostrar conexões e causas que estão ocultas [...].

Uma pergunta inevitável surge a partir dessas palavras: as conexões e causas ocultas nos textos estão escondidas de quem? Supostamente de não analistas do discurso, e isso tem a ver com a naturalização de ideologias, que, ainda segundo Fairclough, residem nos textos. Ele faz um alerta a esse respeito:

> Não se deve pressupor que as pessoas estejam conscientes das dimensões ideológicas de suas próprias práticas. As ideologias embutidas em convenções podem ser mais ou menos naturalizadas ou automatizadas, e as pessoas podem achar difícil compreender que suas práticas normais podem ter investimentos ideológicos específicos (Fairclough, 2017 [1992]: 90).

Ora, como Fairclough pode fazer essas afirmações sobre as pessoas em relação à sua suposta falta de consciência acerca das ideologias embutidas nos textos? A quais pessoas ele se refere? Elas são receptoras passivas dos textos? E por qual razão ele se acha consciente? Por ser analista do discurso?

É curioso observar a crítica de Fairclough à linguística crítica na página 29 do mesmo livro do qual retirei o trecho citado acima, *Discourse and Social Change*, que segue na direção contrária:

> [...] a interpretação é um processo ativo no qual os sentidos aos quais se chega dependem dos recursos empregados pelo intérprete e de sua posição social; os textos podem ser concebidos como meramente produzindo efeitos ideológicos em um receptor passivo apenas se se ignora esse processo dinâmico (Fairclough, 2017 [1992]).

Fairclough precisa se decidir: o receptor dos textos não é passivo e, por isso, não sofre os efeitos ideológicos do texto ou o receptor, diferentemente de analistas do discurso, não tem consciência da dimensão ideológica dos textos e, consequentemente, sofre passivamente os efeitos ideológicos do texto?

Por que os analistas críticos do discurso se acham capazes de enxergar, nos textos, sentidos que as outras pessoas não conseguem? Parecem considerar-se parte de um seleto grupo com acesso restrito a conhecimentos e a sentidos textuais ocultos. Essa não é uma postura recomendável a ser adotada na academia. Ela segrega, independentemente de haver ou não objetivos políticos louváveis ao se analisarem discursos, como lembra Manjarrés (2007). A ACD acaba divisando um público leitor incapaz de ler nas entrelinhas, de fazer inferências — essa seria uma capacidade exclusiva de analistas.

Vale a pena observar como Wodak vê o papel da linguística crítica (LC) e da ACD na sociedade:

> As teorias críticas, portanto também a LC e a ACD, possuem uma posição especial como guias para a ação humana. Elas objetivam a produção de conscientização e de emancipação. Tais teorias buscam não apenas descrever e explicar, mas também expor um tipo particular de engano. Ainda que adotem conceitos diferentes de ideologia, as teorias críticas pretendem despertar nos agentes a consciência de que, com frequência, eles são enganados a respeito de suas próprias necessidades e interesses. Esse tema, é claro, também foi explorado pelos conceitos de Pierre Bourdieu de "violência simbólica" e "*méconnaissance*". Um dos objetivos da ACD é 'desmistificar' os discursos decifrando as ideologias (Wodak, 2004: 236; grifos da autora).

A ACD ocupa "uma posição especial como um guia para a ação humana". Qual seria o corolário disso? Os analistas críticos do discurso são guias para a ação humana ou o trabalho feito por eles é um guia para a ação humana? No frigir dos ovos, dá no mesmo: mera questão de metonímia.

Conforme Emanuel Schegloff (1997), o imperialismo teórico é "um tipo de hegemonia dos intelectuais, dos literatos, dos acadêmicos, dos críticos, cujo aparato teórico estipula os termos por meio dos quais o mundo tem de ser entendido". É curiosa a maneira como Wodak atribui às teorias críticas, e não a quem as adota, a pretensão de "despertar nos agentes a consciência de que, com frequência, eles são enganados a respeito de suas próprias necessidades e interesses". Com base em que pesquisa ela pode fazer essa afirmação? O objetivo proposto pela ACD, segundo Wodak, de desmistificar os discursos decifrando as ideologias me faz pensar novamente, em ordens iniciáticas, nas quais os mistérios só são desvelados por iniciados.

Pennycook (1994: 125) critica a ideia dos críticos neomarxistas segundo a qual a ideologia oculta a verdade. Para ele, as desigualdades socioeconômicas e materiais são determinantes, porém existem três perigos quando se dá todo o destaque às relações econômicas de classe:

(a) perder de vista as relações de gênero e as relações raciais;
(b) construir uma versão excessivamente simplificada da sociedade, na qual há um grupo dominante com poder e um grupo de oprimidos sem poder;
(c) ceder a um excesso determinista, reducionista, ao atribuir as causas das coisas exclusivamente às relações socioeconômicas.

Ele acrescenta:

> Um resultado concomitante dessa visão é a tendência a postular um mundo "real" ofuscado pela ideologia. A tarefa estimável, embora eu a considere problemática, do linguista crítico, portanto, é ajudar a remover esse véu de obscuridade e ajudar as pessoas a verem a "verdade" (Pennycook, 1994: 125).

Ao ler o comentário de Pennycook sobre o objetivo dos linguistas críticos, e por extensão, dos analistas críticos do discurso, de levantarem o véu imposto aos textos pela ideologia, não há como não evocar o comentário de Umberto Eco sobre os críticos literários que, desde o século XIX, "leram e releram obsessivamente a grande obra de Dante com a finalidade de descobrir uma mensagem oculta":

> Notem que Dante foi o primeiro a dizer que sua poesia transmitia um sentido não literal, a ser detectado "sotto il velame delli versi strani", além e sob o sentido literal. Mas Dante não só afirmou isso como também forneceu as chaves para a descoberta dos sentidos não literais. No entanto, esses intérpretes, a quem chamaremos Seguidores do Véu (*Adepti del Velame*), identificam em Dante uma língua ou jargão secretos com base nos quais toda referência a questões eróticas e a pessoas reais deve ser interpretada como uma invectiva codificada contra a Igreja (Eco, 2001: 63).

Seguidores do véu... Esse termo parece adequado para se referir a quem pratica a ACD acreditando haver sentidos ocultos nos textos, escondidos, pela ideologia, da visão de quem não é analista do discurso.

Não por acaso, Annette Patterson (1997: 426) alfineta:

> O analista crítico entende que alguma coisa sempre e inevitavelmente bloqueia, da vista, a verdade do objeto.

E acrescenta:

> A ideia segundo a qual alguma coisa reside nos textos à espera de extração, ou de revelação, pela aplicação dos meios corretos de interpretação é exatamente o pressuposto que o pós-estruturalismo se propõe a problematizar (Patterson, 1997: 427).

No entanto, a questão do pós-estruturalismo em relação à suposta ausência de sentidos no texto até o momento da leitura precisa ser comentada, pois nos remete à dialética entre os direitos dos textos e os direitos de seus intérpretes. Retomando essa dialética, com base em Eco (2001), perguntei alhures (Oliveira, 2004) como é possível negar a existência de significados nos textos, dando-se o poder de criação de sentidos exclusivamente ao leitor. E se se criam sentidos por meio da interpretação sobreposta ao texto, há limites para essa criação? E o que os leitores interpretam se o texto não tem conteúdo *a priori*, não produz significados antes da leitura, *i.e.*, não dispõe de significados literais, cujo estatuto teórico é negado pelos pós-estruturalistas radicais?

Os defensores radicais do poder do leitor se veem em apuros com essas perguntas. Eles até admitem a existência de limites para a interpretação, os quais impedem a produção caótica de significados, mas não conseguem dizer quais são esses limites nem conseguem responder a uma pergunta fundamental: qual é o objeto da interpretação?

Arguto como sempre, Eco (2001: 28) cita Todorov para provocar:

> [...] como Todorov sugeriu maliciosamente (citando Lichtenberg a propósito de Boehme), um texto é apenas um piquenique onde o autor entra com as palavras e os leitores, com o sentido.

E acrescenta:

> Mesmo que isso fosse verdade, as palavras trazidas pelo autor são um conjunto um tanto embaraçoso de evidências materiais que o leitor não pode deixar passar em silêncio, nem em barulho (Eco, 2001: 28).

Não faz o menor sentido negar o estatuto teórico e o papel do significado literal no ato de leitura. Aos pós-estruturalistas radicais, negacionistas do sentido literal, deixo a observação de Terry Eagleton ao pós-modernismo:

> Ao mesmo tempo libertário e determinista, sonha com um sujeito livre de limitações, deslizando feito um desvairado de uma posição a outra, e sustenta simultaneamente que o sujeito é o mero efeito do conjunto de forças que o constituem (Eagleton, 1998: 35).

Feita essa digressão, voltemos ao ato de decifrar sentidos supostamente ocultos pela ideologia nos textos. O resultado da decifração vem obviamente da análise e da interpretação dos textos. E a interpretação realizada pelos teóricos da ACD é bastante questionada por conta do seu engajamento político. Isso nos leva a outra perspectiva de conceber o termo *crítica*, foco da próxima seção.

## 2.3 "A ACD é tendenciosa e se orgulha disso!" (Van Dijk)

A análise e a interpretação de dados são passos metodológicos importantes nas pesquisas realizadas nas áreas de Letras e das humanidades em geral. Como na academia se espera, ou melhor, se exige, a objetividade máxima possível nas pesquisas, a análise e a interpretação devem não apenas ser diferentes uma da outra, mas feitas da maneira mais objetiva possível com base em critérios claros.

Tomemos como exemplo disso uma pesquisa simples em Letras. Para seu trabalho de conclusão de curso, uma graduanda investiga as imagens sonoras criadas a partir de recursos estilísticos em letras de música. Ela precisa estabelecer um critério para a análise, como a aliteração, entendida como a repetição de fonemas e não necessariamente de letras. No seu *corpus*, existem composições de letristas brasileiros, entre os quais se encontram Belchior e Caetano Veloso. Ao observar a letra de *Como nossos pais*, do artista cearense, ela nota os seguintes versos: "Pois <u>v</u>ejo <u>v</u>ir <u>v</u>indo no <u>v</u>ento / O cheiro da nova estação". Ao analisar o primeiro verso, ela observa a repetição do fonema /v/ e, a partir de leituras a respeito dos sons onomatopaicos na língua portuguesa falada no Brasil, interpreta essa aliteração como a representação do som do vento na canção. A estudante observa também a letra de *Chuva, suor e cerveja*, do artista baiano, e nota este verso: "A<u>ch</u>o que a <u>ch</u>uva a<u>j</u>uda a <u>g</u>ente a se ver". Ao analisá-lo, percebe a aliteração feita com os fonemas /ʃ/ e /ʒ/ e, com base naquelas leituras, ela a interpreta como sendo a representação do som da chuva na canção. A análise e a interpretação são claramente distintas e relativamente objetivas.

*Grosso modo*, analisar dados é uma atividade de identificação e de descrição. Já a interpretação é uma atividade hermenêutica. E essas duas atividades não são a mesma coisa. Contudo, Fairclough pensa de maneira diferente:

> A descrição não é tão separada da interpretação como tantas vezes se supõe. Um analista (assim como um intérprete comum de textos) está inevitavelmente interpretando o tempo todo e não há uma fase de análise que seja pura descrição. Consequentemente, a análise do texto feita por

uma pessoa é moldada e colorida pela interpretação que ela faz da relação do texto com processos discursivos e processos sociais mais amplos (Fairclough, 2017 [1992]: 199).

Além de misturar descrição com interpretação, Fairclough, curiosamente, coloca analistas e intérpretes comuns no mesmo patamar. Algumas linhas depois, ele acrescenta:

> Além disso, aquilo a que chamei de traços analíticos dos textos tem, em muitos casos, uma mistura pesada de interpretações. Por exemplo, os padrões de restrição de seleção lexical em textos que analisei como parte da análise da coesão não estão objetivamente "lá" no texto; estão, por assim dizer, "postos lá" pela maneira como alguém interpreta o texto. Portanto, não apenas a descrição e a interpretação são mutuamente necessárias, como também se fundem uma na outra (Fairclough, 2017 [1992]: 199).

Os traços analíticos estão pesadamente misturados com as interpretações. Os padrões de restrição de seleção lexical não estão objetivamente no texto: são postos lá. A descrição e a interpretação se fundem uma na outra.

Como, então, não desconfiar das interpretações feitas por quem pratica a ACD? Atentos a essa desconfiança, Martin Reisigl e Ruth Wodak apresentam um sentido do termo *crítica* vinculado à objetividade exigida pela academia:

> O termo "crítica" carrega muitos sentidos diferentes: alguns aderem à Escola de Frankfurt, outros a uma noção de crítica literária, outros mais a noções marxistas tradicionais. Aderir a uma postura "crítica" deve ser entendido como manter distância dos dados (apesar de a crítica ser, sobretudo, "crítica situada"), inserir os dados no contexto social, esclarecer o posicionamento político dos participantes do discurso e manter o foco na autorreflexão contínua enquanto se realiza a pesquisa (Reisigl; Wodak, 2009: 87-88).

Um ponto chama a atenção nessa citação: a aparente contradição entre o distanciamento dos dados e a assunção de um posicionamento político no ato de fazer a pesquisa. Essa contradição não ajuda a diminuir a suspeita acerca da validade das interpretações na ACD. Antes dessa tentativa de diminuir essa desconfiança, Wodak já havia feito outra, em um texto em coautoria com Fairclough:

> É característico da ACD tomar partido a favor dos grupos oprimidos e contra os grupos dominantes e manifestar abertamente a vocação emancipatória que a motiva. Os interesses políticos e as práticas de investigação dos cientistas sociais são usualmente menos explícitos. Isso não implica, de maneira alguma, que a ACD seja menos acadêmica: as normas de análise cuidadosa, rigorosa e sistemática se aplicam tão fortemente à ACD quanto a outras abordagens (Fairclough; Wodak, 2005: 368).

Mesmo assim, nem todos ficam tranquilos com as palavras de Fairclough e Wodak. Há quem pense que os analistas críticos do discurso fracassam em seu propósito de estabelecer um ponto de vista objetivo para a pesquisa, como lembra Breeze (2011). Afinal, ao se partir de um declarado engajamento político para fazer uma pesquisa acadêmica, como garantir a objetividade tanto na escolha dos textos a serem investigados quanto em sua interpretação? Podem-se, por exemplo, escolher determinados elementos do texto para descrever e interpretar e ignorar elementos, digamos, inconvenientes.

Van Dijk também dá margem a essa desconfiança. Vejamos um trecho do seu capítulo publicado na primeira edição de *Methods of Critical Discourse Analysis*, organizado por Wodak e Meyer (na segunda edição, esse texto foi substituído por outro):

> Diferentemente de outras áreas acadêmicas de conhecimento, a ACD não nega, antes define e defende explicitamente sua própria posição sociopolítica. Em outras palavras, a ACD é tendenciosa — e se orgulha disso (Van Dijk, 2001: 96).

A ACD é tendenciosa e se orgulha disso... Ele afirma logo em seguida:

> Como em todo tipo de pesquisa, na ACD também existem maus estudos acadêmicos, não porque ela seja tendenciosa. Estudos acadêmicos tendenciosos não são estudos acadêmicos inerentemente ruins. Ao contrário, como muitos acadêmicos sabem, especialmente entre as mulheres e as minorias, a pesquisa crítica deve ser não apenas boa, mas também melhor, a fim de ser aceita. Nenhum estudo acadêmico é atacado tão ferozmente quanto os estudos acadêmicos críticos por causa da sua suposta falta de metodologia ou de sua metodologia supostamente deficiente. Também especializada na análise crítica (e autocrítica) do discurso acadêmico, a ACD, é claro, reconhece a natureza estratégica de tais acusações como parte de um mecanismo complexo de dominação, mais

especificamente, como uma tentativa de marginalizar e desqualificar a dissidência (Van Dijk, 2001: 96).

Essa defesa da tendenciosidade da ACD não funciona. Como ele pode garantir que os maus estudos em ACD não se devem justamente ao fato de serem tendenciosos? Basta afirmar que os estudos acadêmicos tendenciosos não são inerentemente ruins para acalmar a inquietação dos desconfiados? Não, não basta. Por isso, Van Dijk faz um movimento retórico curioso: acusa a academia de atacar a ACD por uma suposta ausência de metodologia ou por uma suposta deficiência metodológica e de marginalizar e desqualificar a ACD por ser um campo de estudos dissidente.

Se há críticas duras a quem faz análises críticas do discurso por conta de supostas falhas na metodologia de suas pesquisas, de nada adianta acusar quem faz essas críticas de atacar a ACD. Seria mais produtivo rebatê-las, mostrando as razões pelas quais elas não procedem, se realmente não procederem.

Infelizmente, Van Dijk acaba contribuindo para inflar a desconfiança em torno da ACD ao escrever as seguintes palavras em *Discurso e poder*:

> Não é fácil definir as propriedades precisas dessa perspectiva ou atitude crítica, e o que segue não é nem totalmente explícito nem exaustivo. Os Estudos do Discurso, mais especificamente, podem ser definidos como "críticos" se satisfazem a um ou vários dos seguintes critérios, em que "dominação" significa "abuso de poder social por um grupo social":
> - Relações de dominação são estudadas principalmente da perspectiva do grupo dominado e do seu interesse.
> - As experiências dos (membros de) grupos dominados são também usadas como evidências para avaliar o discurso dominante.
> - Pode-se mostrar que as ações discursivas do grupo dominante são ilegítimas.
> - Podem-se formular alternativas viáveis aos discursos dominantes que são compatíveis com os interesses dos grupos dominados (Van Dijk, 2008a: 15).

Ora, se o estudo é feito a partir da perspectiva do grupo dominado e do seu interesse, como garantir uma interpretação objetiva por parte de quem faz análise crítica do discurso? Como garantir seu distanciamento em relação aos dados? E com base em que Van Dijk parte do pressuposto de que as ações discursivas do grupo dominante são ilegítimas? Ilegítimas em qual sentido? São inerentemente ilegítimas?

Ele acrescenta:

> Esses pontos claramente implicam que estudiosos dos ECD não são "neutros", mas se comprometem com um engajamento em favor dos grupos dominados na sociedade. Eles assumem uma posição e fazem isso de modo explícito. Enquanto muitas pesquisas sociais "neutras" podem ter uma posição social, política ou ideológica implícita (ou, de fato, negar que tomam essa posição, o que obviamente é também uma tomada de posição), estudiosos dos ECD reconhecem e refletem sobre seus próprios compromissos com a pesquisa e sobre sua posição na sociedade. [...]
> Já houve bastante debate sobre se as pesquisas de estudiosos social e politicamente comprometidos são de fato "científicas". Acusações de um viés contra a pesquisa crítica são ocorrências comuns e, elas mesmas, necessitam de uma análise crítica — até porque o *não* comprometimento político é também uma escolha política. Contudo, como estudiosos críticos, deveríamos levar a sério a crítica séria. É crucial enfatizar que uma perspectiva crítica e socialmente comprometida não implica menor rigor na pesquisa (Van Dijk, 2008: 15-16).

Três pontos dessa citação merecem comentários: o fato de analistas do discurso assumirem explicitamente uma agenda política ao fazerem pesquisa; o questionamento acerca da cientificidade da ACD; o rigor na pesquisa.

Comento o primeiro ponto citando Breeze (2011: 501):

> [...] o fato de os adeptos da ACD regularmente se curvarem em reverência à transparência e à verdade afirmando suas afiliações políticas não significa, de forma alguma, que eles estejam desobrigados da necessidade de objetividade em suas pesquisas.

Van Dijk, Wodak, Fairclough e Reisigl parecem acreditar que o ato de assumir explicitamente determinadas agendas políticas na realização da pesquisa exime quem pratica ACD de dar conta da objetividade necessária à pesquisa acadêmica.

A provocação de Van Dijk no que se refere à cientificidade é muito válida. Na verdade, essa questão é longeva na área de humanidades e deveria ser debatida mais intensamente, principalmente nas diversas áreas de Letras. Afinal, a pressão para se submeter aos parâmetros positivistas das ciências duras no início do século XX levou Ferdinand de Saussure a excluir da linguística elementos essenciais para o entendimento dos fenômenos linguísticos, *i.e.*, a variação, a história, o sujeito e o uso da língua. Décadas depois, Chomsky também fez exclusões semelhantes para manter seus estudos com o rótulo de ciência assumindo a tão propalada (e falaciosa) neutralidade científica. São exclusões obviamente muito custosas aos estudos dos fenômenos linguísticos, particularmente em relação ao ensino de línguas.

A pressão cientificista ecoa no subtítulo da segunda seção de um artigo de Wodak (2004: 227) publicado em um periódico brasileiro: "Para início de conversa: uma pequena história sobre a formação de um 'grupo científico de estudo'". O destaque entre aspas simples é da própria autora. Ao ler a seção, não entendi a razão de seu uso. Fui levado a achar que Wodak estava tentando ser irônica ao deixar implícita uma crítica à necessidade de todas as áreas acadêmicas, para serem consideradas científicas, se submeterem aos parâmetros ortodoxos das ciências duras, entre os quais se encontram a suposta neutralidade científica e o consequente apagamento do sujeito realizador da pesquisa. Mas Wodak não fornece nenhuma pista para o uso dessas aspas simples, não esclarecendo se é contra esses parâmetros, ou a seu favor.

Vale enfatizar que subjaz ao apagamento do sujeito responsável pela pesquisa um posicionamento ideológico difundido nas universidades: a concepção positivista de ciência, segundo a qual as pessoas que fazem pesquisa científica não interferem na produção dos conhecimentos. Não por acaso Foucault escreveu estas palavras acerca dos conhecimentos ditos científicos:

> Quais tipos de saber vocês querem desqualificar no momento em que os afirmam como ciência? Qual sujeito falante, qual sujeito discorrente, qual sujeito de experiência e de saber vocês querem minorizar no momento em que dizem: "Eu, que expresso esse discurso, produzo um discurso científico e sou um cientista"? Qual vanguarda teórico-política vocês querem entronizar para desacoplá-la de todas as formas massivas, circulantes e descontínuas de saber?[4]

Com base nessa desqualificação, em cujas entrelinhas sussurram os gritos da hierarquização de conhecimentos, os trabalhos de pesquisa nas áreas não integrantes das chamadas ciências duras (*i.e.*, química,

[4] Michel Foucault, *Il faut défendre la societé. Cours au Collège de France (1975-1976).* Disponível em: https://monoskop.org/images/9/99/Foucault_Michel_Il_faut_defendre_la_societe.pdf. Acesso em: 16 jun. 2023.

física, biologia e suas primas mestiças, por exemplo, bioquímica e biofísica) são considerados não científicos por muitas pessoas inseridas nas ciências duras. Há, por exemplo, quem negue à sociologia o estatuto de ciência (ver Gregory, 1995).

Além disso, determinado gênero textual no qual a marca autoral é parte inexorável do estilo, dando visibilidade ao sujeito, não é aceito por muitas instituições classificadas de científicas. Refiro-me ao ensaio. Evidências claras dessa recusa são o fato de o currículo Lattes não o considerar no item referente à produção bibliográfica e de muitos periódicos especializados não aceitarem ensaios (inclusive periódicos na área das humanidades!).

Ora, a neutralidade científica jamais existirá! Por duas razões. A primeira é o fato de as pesquisas serem geralmente financiadas por fundos públicos ou capital privado. Isso implica um óbvio comprometimento de quem as realiza com as instituições de fomento. A segunda razão é o fato de todos os pesquisadores terem histórias de vida permeadas por valores de várias ordens, dos quais não escapam no momento de escolherem o objeto de suas pesquisas. Grife-se "**escolherem**". Todos os pesquisadores têm suas agendas políticas e ideológicas, independentemente de admitirem isso ou não.

Nesse sentido, Van Dijk acerta em cheio ao pôr sob suspeição a pretensa neutralidade da pesquisa em todas as áreas. Os analistas críticos do discurso poderiam, contudo, ter problematizado o conceito de ciência na contemporaneidade, deixando de vê-lo pelo ângulo engessado das ciências duras, como se ele fosse automaticamente aplicável a todas as áreas de estudo. Afinal, os objetos de investigação das ciências duras não têm a mesma natureza dos objetos de investigação das ciências humanas. E o fato de os objetos de investigação terem naturezas diferentes pressupõe conceber a ciência desde abordagens diferentes.

Feitas essas considerações, um ponto precisa ficar claro: o fato de a neutralidade científica ser uma falácia não exime os pesquisadores da necessidade de serem maximamente transparentes quanto aos critérios de seleção do *corpus*, quanto aos dados coletados e aos critérios adotados para analisá-los e interpretá-los.

Isso nos leva à questão do rigor na realização de pesquisas. Não há controvérsia: ele é necessário. Van Dijk, Wodak, Fairclough reconhecem isso. Entretanto, como é possível haver rigor em uma pesquisa sobre discurso se não se define operacionalmente discurso de maneira precisa, clara? Além disso, como não suspeitar da falta de rigor em uma pesquisa assumidamente tendenciosa do ângulo político? Estabelecer critérios claros e consistentes na escolha dos textos, em sua análise e sua interpretação é essencial para a ACD; do contrário, ela será inevitavelmente alvo de críticas.

Para Breeze (2011), o principal problema da ACD não parece ser a falta de consciência do imperativo de rigor nas análises. Ela fornece como evidência disso uma resenha, feita por Fairclough, de vinte artigos publicados em 1992 no periódico *Discourse & Society*. Ali ele argumenta que as análises apresentadas naqueles textos teriam sido mais convincentes se seus autores tivessem dado mais atenção às propriedades textuais e intertextuais. Para Breeze (2011: 503), a revisão de Fairclough é sintomática porque ele, em vez de desaprovar a falta de rigor, apenas lamenta a perda de uma oportunidade para dar suporte a determinadas conclusões.

Fairclough tem consciência da falta de rigor nas análises apresentadas naqueles artigos, mas opta por não criticá-la; não a desaprova abertamente. Seria isso uma forma de corporativismo? Talvez um movimento para fortalecer a comunidade da ACD, ainda na fase de tomar corpo? Essa segunda hipótese parece mais plausível e se encaixa em um raciocínio de Verschueren lembrado por Breeze:

> [...] os processos de construção de uma comunidade que são pré-requisitos necessários para o desenvolvimento de práticas acadêmicas, "críticas" ou não, envolvem riscos que podem minar o potencial crítico (Verschueren, 2001: p. 67).

Vejamos dois exemplos de como o próprio Fairclough deixa a desejar em termos de análise e interpretação. O primeiro se encontra em um livro de sua autoria e o segundo, noutro livro em coautoria com Chouliaraki.

Em *Discourse and Social Change*, Fairclough (2017 [1992]) defende a ideia segundo a qual os signos linguísticos são socialmente motivados. Dessa forma, tanto as escolhas lexicais quanto as escolhas gramaticais deixam transparecer posicionamentos políticos. Para ilustrar essa ideia, ele cita o exemplo de *terrorista* e *combatente pró-liberdade* (no original, respectivamente, *terrorist* e *freedom fighter*). A escolha de *terrorista* para representar certo indivíduo inegavelmente mostra uma posição diferente daquela mostrada pela escolha de *combatente pró-liberdade* para representar o mesmo indivíduo.

Fairclough tem razão quanto ao papel das escolhas lexicais na veiculação de determinados sentidos ideologicamente motivados. Os seguintes pares de enunciados ilustram e reforçam isso:

(a) Dilma Rousseff foi **presidenta** do Brasil.
Dilma Rousseff foi **presidente** do Brasil.

(b) A **conquista** do Brasil pelos portugueses começou em 1500.
O **descobrimento** do Brasil pelos portugueses ocorreu em 1500.

(c) Os Estados Unidos **ocuparam** o Iraque.
Os Estados Unidos **invadiram** o Iraque.

Contudo, seus comentários das escolhas gramaticais dão mostra de falta de rigor. Observe-se o enunciado, uma manchete de jornal, usado por Fairclough para ilustrar a relação entre elementos gramaticais e posicionamentos políticos: *Gorbachev Rolls Back the Red Army* (cuja tradução é "Gorbachov manda o Exército Vermelho recuar"). Ele descreve esse enunciado como uma afirmação na qual há uma oração transitiva e o uso do presente (do indicativo, no caso da tradução para o português).

Análise correta! Todavia, um problema surge, lembra Widdowson (2004), quando Fairclough vê, nesse enunciado, um investimento ideológico diferente do daquele feito em outras formas de expressão do mesmo evento como *The Soviet Union Reduces its Armed Forces* e *The Soviet Army Gives Up 5 Divisions* (respectivamente: "A União Soviética reduz suas Forças Armadas" e "A União Soviética abre mão de 5 divisões"). O problema nos exemplos apresentados, conforme observa Widdowson, é o fato de esses dois enunciados terem a mesma estrutura gramatical do enunciado da manchete: as diferenças de sentido entre eles se dão por conta das diferenças do vocabulário usado em cada um deles. Widdowson acrescenta:

> Devemos notar também que a semelhança do evento não pode ser inferida da evidência textual — ela só pode ser inferida pela relação do texto com os fatores contextuais externos. Somente assim você pode inferir que fazer recuar o Exército Vermelho realmente equivale a reduzi-lo em tamanho, ou até, mais especificamente, a abrir mão de cinco divisões. Seja qual for o significado de 'investimento ideológico' que você queira ver na

escolha de uma expressão em vez de outra, ele tem a ver com a escolha de vocabulário e com um conhecimento do contexto, nenhum dos quais tomado em consideração nessa análise. Mesmo que se leve em conta esses outros fatores, ainda é preciso discutir a razão pela qual eles nos poderiam levar a ver esse "investimento ideológico" ao qual Fairclough se refere (Widdowson, 2004: 93).

Widdowson tem razão. Fairclough parece ser a única pessoa a ver algum investimento ideológico, seja qual for o sentido disso, naquele enunciado da manchete de jornal. Além do mais, ignorar o fato de os três enunciados terem a mesma estrutura sintática e se diferenciarem apenas em termos de vocabulário contribui para aumentar a desconfiança em relação ao rigor das interpretações na ACD, cujo representante mais emblemático, não nos esqueçamos, é Fairclough.

Vejamos, agora, um exemplo da análise crítica feita por Chouliaraki e Fairclough (2001) daquilo que chamam de discurso da modernidade tardia. Estaria ela marcada pela falta de rigor?

O objeto de investigação é um anúncio da revista britânica *The Big Issue,* cujo objetivo é sensibilizar as pessoas para a situação dos sem-teto no Natal. A propósito, a revista tem como objetivo apoiar pessoas sem-teto dando-lhes oportunidades de terem alguma renda. Para isso, contrata-as para venderem exemplares do periódico nas ruas.

O anúncio traz a foto de um jovem abaixo do título: *Homeless this Christmas. But not for Life*, algo como: "Sem-teto no Natal, mas não para sempre". Eis a parte principal do texto verbal:

**Nós poderíamos fazer você se sentir culpado**

Você sabe como é. Foto de um dorminhoco muito pobre com aparência rude jogado na soleira de alguma porta. Neve. Muito frio. Compare o sofrimento dele com o consumo e a alegria do Natal. Acrescente a isso tudo alguns dados estatísticos chocantes sobre a pouca saúde e a morte prematura das pessoas sem-teto.

Mas optamos por não fazer isso. *The Big Issue* existe para desafiar estereótipos e ajudar as pessoas sem-teto a reivindicarem sua autovalorização e dignidade ganhando seu sustento — o ano todo.

Para isso precisamos do seu apoio. Os obstáculos que pessoas sem-teto como Carl enfrentam são enormes e o caminho de volta da vida nas ruas é longo e difícil. Não faremos de conta que é fácil. Mas estamos comprometidos em fornecer às pessoas sem-teto os recursos necessários para escaparem da cultura perniciosa da situação de rua a longo prazo e para encontrar lares, empregos e um futuro melhor.

Por favor, apoie nosso apelo de Natal e nos ajude a ajudar os vendedores ambulantes a deixarem, para sempre, a vida nas ruas.

Um presente de 15 libras esterlinas ou mais permite a você se tornar um Amigo do *The Big Issue*. Nós enviaremos a você nossa *newsletter* trimestral, um certificado e um crachá e incluiremos seu nome na nossa lista mensal de Amigos.

Você pode enviar um cheque preenchendo o formulário abaixo ou telefonar para nosso número GRATUITO e usar seu cartão de débito ou crédito para doar.

Chouliaraki e Fairclough iniciam a análise do anúncio tecendo considerações sobre esse gênero textual. Afirmam: ele não apenas anuncia mercadorias, mas também é, ele mesmo, uma mercadoria, resultado do processo de transformação dos objetos culturais em mercadorias pelo capitalismo na modernidade tardia. Na sua visão, como os objetos culturais consistem em palavras e imagens, a língua também está ficando cada vez mais mercantilizada e estetizada para vendê-los.

A partir desse pressuposto, chegam à conclusão de que parte da linguagem do anúncio é de engajamento social, evidenciando a recusa da revista de se comprometer demais com a lógica das mercadorias. É quando comentam dois trechos destacados:

(1) *The Big Issue* existe para desafiar estereótipos e ajudar as pessoas sem-teto a reivindicarem sua autovalorização e dignidade ganhando seu sustento — o ano todo.

(2) Mas estamos comprometidos em fornecer às pessoas sem-teto os recursos necessários para escaparem da cultura perniciosa da situação de rua a longo prazo e para encontrar lares, empregos e um futuro melhor.

Chouliaraki e Fairclough enxergam, nesses dois trechos, o tipo de linguagem usada por políticos profissionais. Linguagem usada por políticos profissionais... Vejamos suas palavras:

> Esse é o tipo de linguagem que os políticos profissionais usam. Ele se baseia numa mistura de vocabulário das ciências sociais acadêmicas (*de-*

*safiar, estereótipos, senso de autoestima, cultura da situação de rua a longo prazo*) e da linguagem cotidiana (*ganhar a vida, encontrar tetos, empregos*). Observe a densidade das 'nominalizações' no primeiro — expressões como *sem-teto* e *autoestima*, que abstraem as experiências e relacionamentos da vida real pelo mecanismo gramatical de transformar os processos e os relacionamentos envolvendo determinadas pessoas (por exemplo, *eu não tenho um teto*; *os sem-teto frequentemente quase nunca pensam em si mesmos*) em nomes abstratos. Embora os sem-teto sejam socialmente marginalizados, o texto não tenta incorporar as vozes ou as experiências de marginalização. Em vez disso, usa uma linguagem política tradicionalmente dominante. (Em contraste, a própria revista *The Big Issue* tem uma seção com 'visões da rua' na qual as vozes dos sem-teto são diretamente incluídas). Assim como a publicidade, a linguagem política dominante é talvez outra órbita em que as campanhas são atraídas como uma condição de ter um impacto — mais normalização e homogeneização (Chouliaraki; Fairclough, 2001: 12-13).

Esse trecho é muito rico de inconsistências conceituais. Cabe aqui uma pergunta: existe uma linguagem especificamente usada por políticos profissionais? Não existe. É possível, é claro, falar de discurso político e das estratégias argumentativas das quais os políticos lançam mão para o convencimento e para a persuasão. Conforme esclarece José Otacílio da Silva (2016: 59), seguindo Patrick Charaudeau, a palavra é uma condição necessária para a ação política pelo fato de ela ser utilizada "[...] tanto no espaço de discussão quanto no espaço de persuasão, como instrumento para a construção de valores guia da ação". Em outras palavras, a linguagem é importantíssima para o campo político, mas não existe linguagem especificamente usada por políticos profissionais.

De qualquer forma, Chouliaraki e Fairclough afirmam que a linguagem usada por políticos profissionais é uma mistura de vocabulário das ciências sociais acadêmicas com a linguagem cotidiana, mas isso não faz o menor sentido. Das palavras e expressões usadas por eles para ilustrar esse vocabulário, talvez a expressão *cultura da situação de rua a longo prazo* seja a única que, com boa vontade, podemos considerar representativa de uma linguagem usada por cientistas sociais. Mesmo assim, ela não é um item lexical, não é uma unidade do vocabulário do português (assim como *culture of long-term homelessness* não é um item do vocabulário usual da língua inglesa). E quanto a *desafiar, estereótipos, senso de autoestima* e *recursos* (respectivamente traduzidos de *challenge*, *stereotypes*, *sense of self-worth* e *resources*)? Não fazem parte de um vocabulário específico das ciências sociais acadêmicas.

Em programas da TV aberta, em jornais diários, em *sites* populares e nas redes sociais, há ocorrências dessas palavras. Vejamos alguns exemplos (todos os destaques neles são meus). No dia 28 de novembro de 2013, o jornal *A Tarde* publicou uma matéria sobre dois surfistas atingidos por um raio na Praia da Barra: "O mar tinha altas ondas, mas serve como lição de vida para a galera não **desafiar** a natureza!". Na plataforma Universa, do UOL, lia-se esta manchete no dia 2 de setembro de 2019: "Facebook lança cartilha para empresas evitarem **estereótipos** na publicidade". Na versão *online* da revista *Carta Capital* de 9 de março de 2021, lê-se este enunciado: "É necessário dar um basta à violência que destrói a **autoestima** das mulheres". O último exemplo vem do jornal *online Líder*, cuja manchete do dia 15 de fevereiro de 2018 acerca do futsal feminino de Piracicaba foi esta: "Sem **recursos**, time pode encerrar atividades".

Chouliaraki e Fairclough fazem uma interpretação bastante enviesada das nominalizações, mais especificamente *situação de rua* e *autoestima*, as quais, alegam, "abstraem as experiências e relacionamentos da vida real pelo mecanismo gramatical de transformar os processos e os relacionamentos envolvendo determinadas pessoas [...] em nomes abstratos". Assim, acusam a revista de silenciar as vozes dos sem-teto: "Embora os sem-teto sejam socialmente marginalizados, o texto não tenta incorporar as vozes ou experiências de marginalização."

Sobre essa interpretação, Verschueren (2001) lembra: Chouliaraki e Fairclough deixam de fora da sua interpretação um fato que contrabalança as nominalizações: a foto de um homem sem-teto, de carne e osso, e com seu nome estampado — Carl. Com isso, a revista faz exatamente o que anuncia: combate os estereótipos relativos aos sem-teto mostrando uma pessoa real e não generalizações abstratas limitadas a nominalizações. Não levar isso em consideração para realizar a interpretação evidencia tendenciosidade. Daí Verschueren, com base em outros trechos de outros textos analisados por Fairclough, revelar desconfiança na maior parte das alegações interpretativas e avaliativas no trabalho desse teórico:

> Em suma, o que parece transparecer das conclusões interpretativo-explanatórias e avaliativas é provavelmente o produto de convicções em vez de

resultado de uma cuidadosa análise passo a passo, reflexivamente questionadora de suas próprias conclusões e observações. Pode ser bastante válido, portanto, o esforço de submeter as análises críticas a alguma crítica (Verschueren, 2001: 65).

Há ainda outro ponto importante na interpretação de Chouliaraki e Fairclough, não comentado por Verschueren. Refiro-me a este trecho:

> (Em contraste, a própria revista *The Big Issue* tem uma seção com 'visões da rua' na qual as vozes dos sem-teto são diretamente incluídas).

Ao isolarem o fragmento entre parênteses, Chouliaraki e Fairclough minimizam sua importância. No entanto, a informação ali contida sobre o contexto de produção textual deveria ser levada em consideração na interpretação do anúncio, pois ela evidencia como a revista visibiliza e dá voz aos sem-teto. Esse é um dado importante demais para ser fechado entre parênteses e desconsiderado na interpretação.

Podemos especular as razões pelas quais a revista optou pelas nominalizações no texto interpretado por Chouliaraki e Fairclough. Uma delas seria o gênero textual escolhido: o anúncio publicitário. Como o seu espaço é limitado, as nominalizações são favorecidas pelo seu tamanho. Outra razão seria o objetivo de generalizar o problema da falta de moradia e dos estereótipos para além de Carl e mostrar como isso atinge grandes contingentes de pessoas. Mera especulação. Para ter certeza, seria necessário entrevistar a equipe editorial da revista. Na verdade, Chouliaraki e Fairclough deveriam ter perguntado a ela as razões de suas escolhas. Afinal, o exame da produção, da distribuição e do consumo de textos são etapas essenciais da análise do discurso, conforme vimos no primeiro capítulo.

Um último comentário, na verdade, uma pergunta (retórica), sobre a análise do anúncio feita por Chouliaraki e Fairclough: ela contribui para fortalecer a democracia ou para melhorar a situação dos sem-teto?

A interpretação de textos realizada na ACD está estreitamente relacionada a três elementos importantes: o contexto, a etnografia e a interdisciplinaridade. O próximo capítulo trata deles.

# 3 Três questões metodológicas incontornáveis

de a ACD ser um método e soa inseguro quanto à natureza desse método:

> Ele pode ser muito facilmente tomado como uma espécie de "habilidade transferível" se alguém entender que um "método" é uma técnica, uma ferramenta numa caixa de ferramentas, da qual se pode lançar mão quando necessário e, depois, devolvê-la à caixa. A ACD é, a meu ver, teoria e método — ou melhor, uma perspectiva teórica da linguagem e, mais genericamente, da semiose (incluindo a "linguagem visual", a "linguagem corporal", e assim por diante) [...] (Fairclough, 2001: 121).

Van Dijk (2015: 466) toma uma direção diferente. A seu ver, existe um mal-entendido disseminado segundo o qual a ACD é um método especial de fazer análise do discurso. Citando Wodak e Meyer, além de Titscher e outros, ele nega a existência de tal método:

> Na ACD, todos os métodos da disciplina transversal de estudos do discurso, bem como outros métodos relevantes nas humanidades e nas ciências sociais, podem ser usados.

Van Dijk decide, então, adotar o termo *estudos críticos do discurso*, a fim de, segundo alega, evitar esse mal-entendido.

Para Van Dijk, Wodak, Meyer e outros, a ACD é bastante eclética do ponto de vista metodológico, pois podem-se adotar métodos diferentes para fazer a análise de discursos a partir da perspectiva crítica. Talvez a explicação disso sejam os objetivos políticos da ACD: reduzir as desigualdades, combater as injustiças, exterminar as diferentes formas de dominação.

Se essa explicação proceder, tal ecletismo se justifica do ponto de vista da sua agenda política, embora paire no ar a desconfiança em relação à adoção da ideia de que os fins justificam os meios. E do ponto de vista metodológico, pode ser que se justifique também, mas esse ecletismo exige muito cuidado em relação a três elementos caros à ACD: o contexto, a interdisciplinaridade e a etnografia. Esse cuidado faz surgirem três questões metodológicas incontornáveis, objetos deste capítulo, abordadas nas próximas seções.

## 3.1 Como definir ou delimitar o contexto?

Contexto. Eis aí algo muito importante por estabelecer os limites dentro dos quais os sentidos dos textos são responsavelmente produzidos. Sem o levarem em conta, ouvintes e leitores podem fazer interpretações equivocadas. Não por acaso, vez por outra, políticos a quem jornalistas atribuem uma fala racista ou machista ou contrária à democracia o evocam para se defender: "Retiraram minhas palavras do contexto!". Não há dúvida: o contexto é um elemento incontornável no processo de produção de sentidos, no ato de interpretação textual.

Exatamente pelo fato de a ACD ter como objeto o texto, o contexto é um elemento muito importante para quem a pratica. Na verdade, por ser tão importante para a ACD, conforme Titscher, Meyer, Wodak e Vetter (2007), Van Dijk já definiu discurso como sendo texto em contexto.

Discurso é texto em contexto... Essa definição é usada também por Wodak em *Disorders of Discourse*, livro no qual ela apresenta sua sociolinguística do discurso, uma prática da ACD. Segundo ela, o desenvolvimento da sociolinguística levou a um aumento tão grande da importância do contexto a ponto de sua "análise ter assumido uma prioridade igual à do texto" (Wodak, 1996: 6).

Mas, afinal de contas, o que é o contexto? Por parecer algo tão óbvio, não se costuma fazer essa pergunta, porém o conceito de contexto está longe de ser evidente. Então, cabe uma pergunta: como esse conceito é entendido na ACD?

Baseando-se nas reflexões de Foucault sobre o conceito de contexto, Fairclough (2017 [1992]) considera dois tipos: o contexto situacional e o contexto verbal do enunciado. Ele define o primeiro como a situação social na qual um enunciado ocorre e o segundo, a posição do enunciado em relação aos enunciados que o antecedem e o seguem.

Bem, parece não haver muitas dúvidas quanto ao sentido de contexto verbal do enunciado, mas eu tenho uma. Considerando-se a interpretação de um enunciado X em um texto escrito, que extensão do ambiente textual anterior e do ambiente textual posterior ao enunciado deve ser levada em conta? Um, dois ou mais enunciados antes de X e um, dois ou mais depois de X? E o título, a data de publicação e a autoria também devem ser levados em conta? E os elementos multimodais como fotos e ilustrações?

Talvez seja possível chegar a um acordo para resolver essa questão: o contexto verbal do enunciado inclui todos os elementos do texto no qual ele se encontra, exceto a data de publicação, a autoria e os intertextos. Afinal, embora os dois primeiros elementos estejam ali impressos, eles nos remetem a fatores externos ao texto: a data nos remete a determinada conjuntura histórica, podendo apontar a direção adequada para uma interpretação do texto; a autoria nos aponta para uma pessoa ou uma instituição cujos valores ideológicos, se conhecidos, podem desempenhar um papel importante na interpretação do texto. Quanto aos intertextos, embora estejam presentes no texto, eles também nos remetem para fora do texto.

Pode-se chegar a outro acordo para evitar o uso da palavra *contexto* em dois sentidos diferentes. Basta reservá-la para se referir à situação social na qual o enunciado se insere e passar a usar o termo *cotexto*, oriundo da linguística textual, em vez de *contexto verbal do enunciado*. Essa substituição foi feita por John Sinclair, segundo Widdowson (2004), que concordou com essa decisão, e por Titscher, Meyer, Wodak e Vetter (2007).

E quanto ao contexto situacional de um enunciado? Ele gera dúvidas de sentido? Sim. Está envolto em uma dúvida grande, expressa por Titscher, Meyer, Wodak e Vetter (2007: 28) ao comentarem o uso do conceito de contexto na ACD: como se decide quanto conhecimento contextual é necessário e onde um contexto começa e termina? E quantas informações contextuais são necessárias para se fazer a análise do discurso?

Wodak já fizera essas indagações em um livro publicado em 1996 e num texto publicado no Brasil em 2004, no qual aponta uma das questões ainda não adequadamente discutidas na ACD: "A noção de 'contexto', que com frequência é definida ou de forma muito ampla, ou de forma muito restrita: de quanta informação precisamos para analisar textos, e qual é o impacto causado pelas teorias?"[1]

A ausência de respostas claras a essas questões levou Van Dijk (2005: 74), em um capítulo publicado na coletânea *A New Agenda in (Critical) Discourse Analysis*, a criticar as ciências sociais e humanas por usarem uma noção de contexto bastante vaga e intuitiva, "baseada no conceito de 'ambiente social' ou de 'situação' de uso da língua". Para ele, falta a esse conceito "a interface cognitiva que seja capaz de dar conta, em primeiro lugar, da 'relevância' subjetiva".

Na verdade, entre os proponentes da ACD, Van Dijk é provavelmente quem mais se debruçou sobre o conceito de contexto, para o qual propôs uma definição:

> [...] defino o contexto como a representação mental dos participantes sobre as propriedades relevantes da situação social na qual eles interagem, produzem e compreendem o texto ou a fala. Essa representação mental é chamada de "modelo de contexto". Tais modelos são armazenados na memória episódica, assim como qualquer tipo de modelo mental de eventos e ações em andamento [...] (Van Dijk, 2005: 5).

A partir dessa definição, não há como não perguntar: qual a diferença entre modelos de contexto e esquemas mentais? Conforme explico alhures (Oliveira, 2015: 61), a estruturação dos conhecimentos na mente é objeto de estudo da teoria dos esquemas, proposta por Frederic Bartlett nos anos 1930, segundo a qual representamos o nosso passado por meio de esquemas, *i.e.*, massas ativas e organizadas de informações em constante desenvolvimento. Logo, não há diferença entre esquemas mentais e modelos de contexto. Isso torna o termo *modelos de contexto* desnecessário ante a existência do termo *esquemas*, com uso já consagrado nas discussões das estratégias de leitura.

Duas páginas antes de apresentar essa definição de contexto, Van Dijk faz o seguinte comentário relacionado à sua decisão de definir contextos como modelos mentais:

---

[1] Essa questão da noção de contexto em ACD ainda é tão mal resolvida que foi proposta como o tema geral da 8ª Conferência para Abordagens Críticas para Análises do Discurso através das Disciplinas (CADAAD) em 2020: "Reconciliando Rigor e Contexto em ACD". Infelizmente, o evento foi cancelado por conta da pandemia da covid-19.

> [...] os contextos, definidos como modelos mentais, precisam de um componente especial de conhecimento que represente as crenças relevantes dos falantes ou dos ouvintes sobre o conhecimento de seus interlocutores. Em outras palavras, os usuários da língua precisam ter não apenas "conhecimento geral do mundo" e conhecimento da situação comunicativa em andamento, mas também, obviamente, conhecimento mútuo sobre o conhecimento de cada um (Van Dijk, 2005: 72).

Essas palavras apontam para a importância atribuída por Van Dijk ao conhecimento como um componente essencial dos modelos de contexto: o conhecimento deve ser tomado em consideração pelos participantes de um evento comunicativo. Para ele, "é crucial que os participantes representem mutuamente o conhecimento dos outros participantes, pois muitos aspectos do discurso dependem do que o falante supõe que o ouvinte saiba ou não saiba" (Van Dijk, 2005: 75-76).

Nesse sentido, ele passa a usar o termo *K-device*. Sendo K a primeira letra de *knowledge*, palavra inglesa equivalente a *conhecimento*, esse termo pode ser traduzido como *dispositivo-C*. Esse dispositivo cognitivo teria a função de permanentemente calcular o que os recipientes de um texto sabem em cada momento da interação comunicativa. Vejamos um exemplo fornecido por Van Dijk para tentarmos entender qual é a função desse dispositivo:

> Por exemplo, se conversamos com um amigo, temos um modelo de contexto contínuo com um participante no papel social de amigo, ou seja, uma pessoa que conhecemos. Para poder representar tal informação no modelo de contexto, o próprio dispositivo-C precisa ativar e disponibilizar o conhecimento agora relevante sobre essa pessoa. Portanto, a informação incluída no modelo de contexto corrente necessariamente significa que os participantes agora *sabem* em qual contexto, com quem e por que eles estão se comunicando ou interagindo. Enquanto os modelos de contexto são o controlador de toda interação e discurso, o próprio dispositivo-C é o controlador do modelo de contexto. De fato, ele deveria até representar nosso conhecimento do *self* — quem somos nós e de qual forma estamos agora participando da atual interação em andamento (Van Dijk, 2005, p. 76-77; grifos do autor).

As palavras de Van Dijk não convencem no sentido de o dispositivo-C ser algo novo. Nas entrelinhas dessa citação, são claramente visíveis a ideia de ativação de esquemas mentais e o conceito de adequação linguística. Em outras palavras, é totalmente desnecessário e inútil lançar mão de um termo (*i.e.*, *k-device*) para se referir a algo já muito comentado no ensino de inglês como língua estrangeira e já nomeado, *i.e.*, a ativação de esquemas mentais. Além disso, a adequação linguística é algo tão raramente ignorado por participantes de eventos comunicativos realizados em sua língua-materna que Dell Hymes (1991 [1978]) e linguistas aplicados como Michael Canale (1990 [1983]) incluíram no conceito de competência comunicativa a habilidade de adequar um enunciado a um contexto. Em outras palavras, não é novidade o fato de, em produção textual, adequarmos nossos textos à situação comunicativa por meio de suposições sobre os conhecimentos prévios de quem os lerá ou ouvirá.

Não satisfeito, Van Dijk passa a usar outro termo: *K-strategies* (*estratégias*-C, em português), dando esta justificativa:

> Como o dispositivo-C deve gerenciar uma vasta quantidade de conhecimentos contextualizados em permanente mudança, é **plausível** que ele opere estrategicamente, ou seja, por meio de operações rápidas, mas imperfeitas, como sabemos, pelo processamento estratégico do discurso mais geral (Van Dijk; Kintsch, 1983). Por exemplo, se os falantes ou os escritores levam em consideração o que (acham que) os destinatários já sabem, seria impossível alimentar o dispositivo-C com todo esse conhecimento. Em vez disso, **deve haver** uma estratégia de decisão rápida que diga algo como: *o destinatário sabe tudo o que sei, exceto* X *e* Y. Várias outras condições contextuais, é claro, devem ser satisfeitas antes de se poder afirmar apropriadamente X ou Y, tais como nossas crenças sobre se tais informações são relevantes para os destinatários ou se satisfazem as condições sociais de polidez, mas essas condições não serão mais detalhadas aqui. Basta enfatizar que essas outras condições também são, naturalmente, controladas pelo dispositivo-C, conforme argumentado acima (Van Dijk, 2005: 77; grifos do autor).

Acreditando na plausibilidade da existência dessas estratégias, Van Dijk passa a teorizar sobre elas. Ora, a estratégia-C por ele comentada na sua justificativa claramente não passa do ato de, em produção textual, se preverem os conhecimentos prévios de quem vai ler ou ouvir os textos. Em linguística textual, são amplamente abordados quatro elementos de textualidade: intencionalidade, aceitabilidade, situacionalidade e informatividade[2].

---

[2] A esse respeito, ver Beaugrande e Dressler (1997 [1981]).

Van Dijk apresenta estratégias hipotéticas para diferentes tipos de conhecimento. Transcrevo, a seguir, integralmente, uma delas (a mais curta), relacionada ao conhecimento interpessoal, para evidenciar a fragilidade do conceito de estratégias-C:

> O conhecimento interpessoal é o conhecimento pessoal compartilhado por dois ou mais indivíduos com base em uma prévia comunicação interpessoal ou em experiências comuns. A estratégia já está explicada acima para o conhecimento pessoal: se os falantes têm acesso a um modelo de experiência ou a um modelo de contexto de um evento comunicativo no qual informações relevantes foram compartilhadas, eles podem supor que os destinatários conhecem tais informações. Nesse caso, uma afirmação seria anômala e um lembrete, necessário se o modelo de contexto for ultrapassado e o modelo de evento não for muito relevante para o destinatário. O modelo de contexto relevante seria tipicamente um modelo de narração de histórias no qual as experiências pessoais são contadas (Van Dijk, 2005: 78).

Ignoremos as obviedades dessa citação e concentremo-nos no que Van Dijk chama de estratégia. Ela é simplesmente o ato realizado por quem produz textos: prever os conhecimentos prévios do público-alvo para tomar decisões acerca das informações a serem inseridas ou não no texto. Van Dijk apenas usa um nome pomposo, *estratégia-C*, para renomear esse ato.

De todo modo, ainda restaria ver como os conceitos de modelo de contexto, de dispositivo-C e de estratégia-C poderiam ser usados por analistas críticos do discurso. E é essa a expectativa causada por Van Dijk ao ilustrar as estratégias-C.

Ele usa um trecho de uma reportagem intitulada *Deal Seems Near on Israeli Pullout From North Gaza* ("Acordo para a retirada de Israel do norte da Faixa de Gaza parece próximo"), de Greg Myre, publicada na edição de 16 de junho de 2003 do *The New York Times*. O trecho é composto pelo título da reportagem seguido do nome do jornalista e dos dois parágrafos iniciais da matéria. Segundo Van Dijk (2005: 90), para redigir a matéria, o jornalista primeiro constrói um modelo de contexto. Ele, então, apresenta algumas categorias de esquema e faz comentários sobre elas.

Duas coisas chamam a atenção: a primeira é o uso feito por Van Dijk do termo *esquema*. É preciso perguntar se o modelo de contexto é um conjunto de esquemas mentais. Parece inegável a sobreposição conceitual aí. A segunda coisa é o fato de ele analisar o modelo de contexto supostamente utilizado pelo jornalista, quando deveria mostrar como esse conceito pode ser usado por analistas do discurso na interpretação de seus objetos de investigação. Ficamos sem saber nada disso, pois ele só especula a respeito do conhecimento do jornalista.

Vamos observar uma análise feita por Van Dijk na coletânea publicada em 2008, intitulada *Discurso e poder*, para ver se e como ele mobilizou os conceitos de modelo de contexto, dispositivo-C e estratégias-C. A análise é de dois trechos de um discurso proferido em março de 2003 por Tony Blair, então primeiro-ministro do Reino Unido. Em nenhuma parte, Van Dijk mobiliza o conceito de modelos de contexto, o de dispositivo-C, ou o de estratégias-C. Ele não analisa nem o contexto de produção, nem o contexto de recepção do discurso. As únicas informações contextuais por ele fornecidas são acerca da legitimação, por parte de Blair, em 2003, da decisão do governo britânico de invadir o Iraque. E, de antemão, Van Dijk (2008: 257) afirma que esse discurso de Blair é um exemplo bem conhecido de discurso manipulador.

No capítulo de sua autoria publicado em 2009 numa coletânea organizada por Wodak e Meyer, Van Dijk apresenta noções gerais dos estudos críticos do discurso e lança mão de um texto para ilustrar como as estruturas do discurso podem ser abordadas a partir de uma perspectiva crítica. O texto em questão é *A Petition Against the Persecution of Microsoft* ("Uma petição contra a perseguição à Microsoft"). Ele informa que esse texto, baixado da internet em 2001 e não mais disponível, foi publicado pelo Center for the Moral Defense of Capitalism (Centro para a Defesa Moral do Capitalismo), uma organização de defesa do capitalismo, cujo nome mudou para Center for the Advancement of Capitalism (Centro para a Promoção do Capitalismo). Segundo Van Dijk, essa petição faz uma crítica ao governo estadunidense por causa da sua batalha legal contra a Microsoft, e ele a escolheu para ilustrar a abordagem crítica

> [...] por causa do problema socioeconômico, amplamente percebido, de que vastas corporações internacionais podem abusar do seu poder a fim de dominar o mercado e, por isso, limitar a liberdade de escolha dos consumidores (Van Dijk, 2009: 67).

Ele então abre uma subseção intitulada "Context", constituída por dois parágrafos. Transcrevo-a na íntegra para dar clara ideia da análise do contexto proposta:

> Sobre sua situação comunicativa, não sabemos muito mais do que o fato de o texto ter sido encontrado na internet em 2000 e produzido pelo Centro para a Defesa Moral do Capitalismo, cujo próprio nome sugere um *think tank* neoliberal e conservador. Uma nova busca na internet em dezembro de 2007 apresentou a seguinte definição das metas do Centro: "O Centro para a Promoção do Capitalismo se dedica ao progresso dos direitos individuais e da liberdade econômica por meio da filosofia do objetivismo de Ayn Rand" (www.moraldefense.com).
> Isso significa que os leitores que conhecem esse Centro já podem ter um modelo de contexto da situação comunicativa mais detalhado do que outros leitores (tais como informações sobre a base ideológica, a identidade e os objetivos do Centro) e podem interpretar o texto sob essa luz. O público-alvo da situação comunicativa são as pessoas que usam a internet e entendem inglês. Outro aspecto da situação comunicativa é o pretenso *conhecimento prévio* sobre as ações legais contra a Microsoft por causa do seu abuso de poder de mercado (um quase monopólio, por causa do uso disseminado do Windows como um programa operacional para PCs) para atrelar outros programas (tais como seu navegador Explorer) a esse sistema operacional. Em outras palavras, a análise do contexto foca o Cenário (Tempo, Lugar), os Participantes e suas propriedades e relações, bem como suas Metas, seu Conhecimento pressuposto e sua Ideologia (Van Dijk, 2009: 68; grifos do autor).

Essa subseção dedicada à análise do contexto da petição é marcada pela ausência de informações contextuais relevantes para a análise. Por conta dessa ausência, Van Dijk especula sobre os conhecimentos prévios dos leitores dessa petição, mas não sabemos quem eles são. Seriam empresários e banqueiros? Não temos essa informação. O fato de a petição ter sido publicada na internet não implica serem seus leitores quaisquer pessoas. Além disso, Van Dijk afirma que um aspecto da situação comunicativa é o suposto conhecimento prévio dos leitores sobre o abuso de poder de mercado da Microsoft. Observe-se: é Van Dijk quem afirma que esse abuso existe, mas sem apresentar dados em apoio da afirmação e, assim, garantir que as pessoas lerão a petição com essa informação em mente. Afinal, o público-leitor da petição pode ser formado por capitalistas neoliberais fundamentalistas, para quem esse abuso não existe. Enfim, ele faz uma abordagem insuficiente do contexto de produção e do contexto de recepção da petição.

Van Dijk elege o conceito de contexto como essencial para a ACD, mas, na prática, no momento de analisar textos, parece não dar a devida atenção a ele. Como estamos diante de um teórico fundamental para a ACD, esse comportamento passa uma mensagem ambígua a quem deseja praticá-la: o contexto é muito importante para a análise do discurso, embora, na prática, Van Dijk lhe dedique pouco ou nenhum espaço (pelo menos nos textos analisados e mencionados aqui).

Uma pergunta vem imediatamente à cabeça: como Fairclough, outro teórico fundante da ACD, trata o contexto em suas análises? Vejamos quatro exemplos retirados de diferentes textos de sua autoria.

Um dos seus textos aborda aquilo que ele chama de tecnologização do discurso, ou seja, "uma institucionalização dos circuitos que conectam pesquisas, *design* e treinamento" (Fairclough, 1996a: 73). Para ilustrar o possível impacto dessa tecnologização em práticas discursivas, ele analisa um trecho de um prospecto de duas páginas feito pela Universidade de Lancaster e dirigido a estudantes interessados em seus cursos. De imediato, sem apresentar nenhuma informação sobre o contexto no qual se insere o objeto da análise, ele faz a seguinte afirmação:

> A evolução dos prospectos universitários reflete **claramente** as pressões sobre as universidades para operarem sob condições de mercado e "venderem" seus cursos, usando técnicas discursivas emprestadas da publicidade (Fairclough, 1996a: 78; grifo meu).

Ora, por que "claramente"? Quais são as evidências disso? Não sabemos. Desse ponto em diante, ao longo de pouco mais de uma página e meia, ele comenta a relação entre a universidade e os candidatos e compara o prospecto em análise com o folheto anterior usado pela Universidade de Lancaster. Entretanto, ficamos sem saber qual o ano de publicação desses prospectos. Em seguida, Fairclough faz brevíssima análise de algumas construções sintáticas, escolhas lexicais e da imagem presente no prospecto. Contudo, não há uma linha sequer sobre contexto verbal ou situacional.

Em *Discourse and Social Change*, no quinto capítulo, dedicado à análise textual, Fairclough tece considerações sobre a construção discursiva das relações sociais e do *self*. Com foco no controle interacional, ele analisa uma amostra daquilo que chama entrevista médica padrão e outra do que chama entrevista médica alternativa.

A primeira amostra é um trecho retirado de uma conversa entre um médico e uma paciente, gravada nos Estados Unidos por Elliot

Mishler. Essas são as únicas informações sobre o contexto situacional oferecidas por Fairclough. Outras informações seriam necessárias para analisarmos as conclusões às quais chega nosso autor acerca da conversa. Em qual hospital foi gravada? Esse hospital é representativo da maioria dos hospitais naquele país? Essa é a primeira consulta da paciente com o médico? Qual a idade do médico? Qual a idade da paciente? Ele é branco ou negro? Ela é branca ou negra? Ela é de origem latina, asiática ou estadunidense? Qual a especialidade do médico? Quando a conversa foi gravada? Como foi gravada? Como o paradoxo do observador foi gerenciado?

Fairclough analisa a conversa apontando indícios do controle do médico sobre o diálogo — por conta da sequência de perguntas e respostas — e a possível ocorrência de uma dialética de vozes, na qual a voz do médico pode ser vista como a dele próprio ou a da medicina e a voz da paciente, como uma mistura da voz da medicina com a da experiência comum ou do mundo da vida (*lifeworld*, no original). Fairclough conclui:

> Tanto a análise em termos do controle da interação pelo médico quanto a análise em termos da dialética de vozes são modos de obter compreensão da prática médica padrão em um nível microanalítico e da medicina como um modo profissional. No entanto, a medicina, como outras profissões, está passando por mudanças bastante dramáticas na sociedade contemporânea. Talvez a maior contribuição da análise do discurso seja fornecer um meio de investigar, "no campo", o que essas mudanças significam nos modos como médicos e pacientes realmente interagem (Fairclough, 2017 [1992]: 144).

A partir da análise de um trecho de uma conversa entre um médico e uma paciente, cujo contexto mal é apresentado, Fairclough faz uma generalização questionável: a medicina está passando por mudanças bastante dramáticas na contemporaneidade. Quais mudanças seriam essas? Seriam discursivas? Com base em que ele afirma isso?

É quando ele apresenta a segunda amostra, um trecho de outra conversa entre um médico e uma paciente, para demonstrar outra forma de condução da interação aparentemente para sinalizar alguma mudança na maneira como o médico conduz a interação durante a consulta, segundo Fairclough, alternativa. As informações sobre o contexto fornecidas por ele são: o médico pertence a um grupo minoritário no National

Health Service (Sistema Nacional de Saúde Britânico), aberto à medicina alternativa e ao tratamento da pessoa como um todo, *i.e.*, adepto do tratamento holístico, em conformidade com as técnicas de aconselhamento.

Fairclough não dá a devida atenção ao contexto. Informações essenciais ficaram de fora. A conversa foi gravada em um hospital ou no consultório do médico? É a primeira consulta da paciente com ele? Qual a idade do médico? E a da paciente? Ele é branco ou negro? Ela é latina, asiática ou estadunidense? Ela é branca ou negra? Qual a especialidade do médico? Quando a conversa foi gravada? Como a conversa foi gravada? Como o paradoxo do observador foi gerenciado? Mesmo assim, ele conclui que essa consulta alternativa, diferentemente da consulta padrão, não é conduzida com o mesmo controle interacional por parte do médico.

A análise dessas duas amostras de Fairclough foi alvo de pertinentes críticas de Verschueren (2001). Apresento duas aqui. Uma delas diz respeito ao fato de os rótulos usados por Fairclough para as duas conversas entre médicos e pacientes, *i.e.*, padrão e alternativa, serem não apenas descritivos, mas também avaliativos, tendo o termo *padrão* o sentido de 'tradicional' e sendo previsivelmente considerado menos favorável em relação ao pano de fundo da teoria de Fairclough.

A outra crítica se dirige ao fato de Fairclough igualar o ato de fazer perguntas ao controle interacional, ignorando o fato de tanto as perguntas quanto as respostas poderem exercer controle sobre uma interação. Segundo Verschueren (2001), há mais interação e negociação de sentido ocorrendo na primeira amostra, mas Fairclough aplica o conceito de negociação apenas à segunda. Além disso, segundo Verschueren, há outras interpretações possíveis para a interação entre o segundo médico e sua paciente: ele pode estar exercendo controle sobre a interação de maneira mais sutil, dando à paciente respostas breves e esperando que ela fale, ou ele pode, simplesmente, não estar muito interessado nela.

O sexto capítulo de *Discourse and Social Change* também é dedicado à análise textual, mas está voltado para a construção da realidade social. Com foco na análise de conectores e da argumentação, Fairclough escolhe, como um dos objetos de análise, um trecho de *The Baby Book*, um livreto distribuído por hospitais a mulheres grávidas e a seus parceiros ou parceiras. Embora essa seja a única informação contextual apresentada por Fairclough, podemos consultar as "Referências" e ver que a edição consultada data de 1986 e foi organizada por uma pessoa chamada N. Morris. Há ainda menção a uma edição de 1976 desse livreto feita por Jennifer Baudin (1991). Não sabemos, assim, qual o ano de publicação da edição original (pode ter sido antes de 1976); a razão pela qual ele foi publicado (por exemplo, havia algum problema de saúde pública referente ao comportamento das mulheres em relação à gravidez e isso levou à publicação da coletânea?); em quais hospitais ele era distribuído; o perfil das mulheres — e o dos seus parceiros ou das suas parceiras — a quem o livreto era distribuído. Além disso, o trecho transcrito é composto por três subseções, tendo Fairclough omitido a subseção imediatamente anterior à última transcrita.

Após transcrever três seções do livreto, Fairclough parte logo para a análise de alguns aspectos relacionados à coesão textual e à estrutura oracional. Ele mostra um esquema segundo o qual alguns períodos são construídos sintaticamente por meio de orações e conjunções. Sem mostrar os períodos propriamente ditos, conclui que a mensagem veiculada tem o objetivo de tranquilizar o público-alvo quanto a todos os atos realizados no atendimento pré-natal e afirma: "Está claro quem está sendo tranquilizado, mas está menos claro quem exatamente está fazendo o ato de tranquilizar" (Fairclough, 2017 [1992]: 172).

Somente depois dessa afirmação, Fairclough resolve comentar alguns elementos do contexto situacional para confirmar sua conclusão numa tentativa de determinar quem realiza o ato de tranquilizar o público-alvo:

> Vamos tentar determinar isso olhando para os participantes: aqueles que estão participando nesse trecho de prática discursiva e aqueles que participam no processo de cuidado pré-natal retratado. Os primeiros são
> (i) leitoras do texto, que, na maioria dos casos, estarão sujeitas a ou diretamente envolvidas com o cuidado pré-natal, além de seus parceiros ou parceiras;
> (ii) os produtores do texto: nenhum autor é identificado, mas são nomeados um organizador (docente de obstetrícia e ginecologia) e uma equipe editorial.
>
> Os participantes no cuidado pré-natal são
> (i) mulheres grávidas;
> (ii) a equipe médica.
>
> A relação entre as leitoras como participantes do discurso e as mulheres como participantes do cuidado pré-natal é óbvia: a maioria das leitoras está

prestes a engravidar. A relação entre os produtores do texto e as participantes do cuidado pré-natal é muito menos óbvia. Em princípio, os produtores do texto poderiam adotar a perspectiva das mulheres grávidas ou a da equipe médica ou nenhuma das duas (Fairclough, 2017 [1992]: 172).

Fairclough passa a buscar no trecho analisado indícios de que as vozes dos produtores do texto podem ser as vozes da equipe médica. Por que Fairclough não investigou o processo de produção textual consultando a editora acerca do organizador e da equipe editorial do livreto? A análise desse processo não apenas é importante para a análise do contexto de produção, mas também integra uma das dimensões da análise do discurso por ele mesmo proposta.

Widdowson (1996) critica o fato de Fairclough analisar apenas um fragmento do texto. E por ser um fragmento, não podemos saber qual a função desse trecho em relação ao resto do livreto. E suas críticas não param aí:

> Além disso, os três extratos de que dispomos são descontínuos: uma subseção inteira entre a segunda e a terceira foi omitida. Nenhuma razão é dada para isso. Nada sabemos também sobre a motivação para a produção do texto: se, ou por que ele foi encomendado e por quem. Há um monte de conversa em *Discurso e mudança social* (e geralmente, na verdade, em todo trabalho de Fairclough) sobre a produção e o consumo de textos, mas, nesse caso, e no caso de outras análises, os reais produtores e consumidores não são consultados acerca de quais poderiam ser suas intenções ou interpretações (Widdowson, 1996: 62).

As críticas de Widdowson e de Verschueren procedem, e esses quatro exemplos oriundos de Fairclough mantêm a sensação de discrepância entre a importância dada por ele (e por Van Dijk) ao conceito de contexto para a ACD e o pouco espaço reservado ao contexto dos textos analisados, ou à maneira como eles se comportam em relação ao contexto em suas análises. Sem informações contextuais detalhadas e suficientes, as interpretações feitas por Fairclough e Van Dijk aqui comentadas contribuem para reforçar as críticas à ACD por eles serem, como já dito, dois teóricos fundamentais para esse campo de estudos.

Esse mesmo pouco espaço dado ao contexto na análise de discursos também se verifica nos textos de outras autoridades na ACD? Nos de Wodak, por exemplo?

Ao começar a ler um de seus livros mais comentados, *Disorders of Discourse*, se tem a impressão de que essa dúvida vai se dissipar. Afinal, ali, ela define discurso como texto em contexto (Wodak, 1996: 5), mostrando toda a importância do conceito de contexto.

Seguindo o sociólogo Aaron Victor Cicourel, ela adota as noções de contexto amplo e de contexto local. O primeiro inclui o emolduramento institucional das atividades. Nesse caso, uma abordagem etnográfica é necessária para a descrição do contexto. O segundo, por sua vez, diz respeito a uma interação negociada e localmente organizada, na qual marcadores e sinais no discurso apontam para a definição e a percepção de contexto por parte do falante, sendo esse contexto construído por meio do discurso (Wodak, 1996: 21-22).

No segundo capítulo de *Disorders of Discourse*, Wodak critica a abordagem médico-sociológica e a abordagem linguística geralmente usadas nos estudos sobre as conversas entre médicos e pacientes pelo fato de, a seu ver, tais conversas serem estudadas isoladamente do contexto mais amplo do discurso. Ela cita diversos estudos e afirma:

> A maioria dos estudos supramencionados foi realizada a partir de uma "perspectiva externa". Em outras palavras, com base em suposições preconcebidas, os discursos específicos foram extraídos do cenário institucional mais amplo e isoladamente analisados. O sentido do contexto em relação à instituição e à vida cotidiana em seu interior se perde, portanto. A validade das interpretações e das descobertas de tais estudos é limitada pela falta de uma contextualização mais ampla [...] (Wodak, 1996: 38).

Essa crítica é forte e acaba criando expectativa quanto à forma como ela contextualiza mais amplamente esse tipo de conversa. Então, ao comentar seu estudo sobre conversas entre médicos e pacientes na enfermaria ambulatorial de um hospital de Viena, ela informa que adotou uma "perspectiva interna" para fazer seu estudo, ou seja, entrou no hospital e lá passou o maior tempo possível buscando conhecer as regras, explícitas e tácitas, que regem a instituição.

Na verdade, Wodak está se referindo ao método etnográfico de observação participante. No entanto, dedica pouquíssimo espaço para comentar o contexto específico no qual se inserem os diálogos analisados em seu estudo. O espaço se resume a este parágrafo:

> Para entender o contexto específico, é importante perceber que a ala ambulatorial (a enfermaria) tem um baixo *status* e reduzido prestígio em comparação ao restante da instituição. Trata-se de uma espécie de posto avançado e, entre outras coisas, serve como campo de treinamento para

> médicos residentes, o que produz muitos problemas: uma equipe inexperiente frequentemente trabalha onde a experiência seria, inquestionavelmente, mais necessária. Hierarquia, conhecimento, experiência e gênero estão interligados de uma maneira única nos pacientes ambulatoriais. Ineficiência, má organização e treinamento insuficiente são disfarçados pela propagação de mitos, e, por isso, estereótipos surgem: os médicos nunca têm tempo suficiente, nunca erram e simplesmente não há uma maneira melhor de fazer as coisas (Wodak, 1996: 38-39).

A partir dessas palavras, somos levados a criar uma imagem negativa do hospital, que supostamente trata de maneira desigual os pacientes atendidos na enfermaria do ambulatório. E isso nos leva, inevitavelmente, a ver as relações de poder entre médicos e pacientes nessa parte do hospital como inerentemente desfavoráveis aos pacientes. Além disso, o parágrafo constitui o contexto institucional a partir do qual Wodak realiza a análise e a interpretação das conversas entre médicos e pacientes.

O parágrafo acima transcrito foi reproduzido *ipsis litteris* em um texto publicado por Wodak em uma coletânea em 1997 e, posteriormente, se tornou alvo de críticas de Jan Blommaert:

> Não somos informados da origem de informações etnográficas tão cruciais. Esse é o "contexto" para o resto da análise, e esse contexto é oferecido como um conjunto inquestionável, não teorizado dos "fatos". A fonte dos relatos contextuais é, com frequência, indiretamente referida como observação *in loco* e entrevistas (novamente, não teorizadas e sem nenhuma discussão de procedimentos explícitos). Sua função, entretanto, é crucial: elas são características contextualizadoras centrais que permitem alegações sobre uma "perspectiva interna" [...] nos padrões de comunicação estudados em ACD. A base etnográfica dessas alegações é situada fora do escopo da ACD e raramente se encontrarão discussões sobre as abordagens e os procedimentos de trabalho de campo nos textos escritos sobre a ACD. A análise começa tão logo os dados "estejam ali" (Blommaert, 2001: 16).

A crítica de Blommaert procede e se aplica não apenas a Wodak, mas também a Fairclough, a Van Dijk e à ACD em geral. Ele critica o uso de contextualizações *a priori*:

> Em muitos trabalhos da ACD, o contexto é frequentemente um mero pano de fundo para uma análise do discurso (ou análise textual ou análise interacional) bastante ortodoxa, com algumas conexões entre texto e contexto, enquanto ambos os "blocos" são mantidos como unidades distintas.

> A "crítica", portanto, se torna muito frequente e exageradamente uma questão de credibilidade do pesquisador, cujo relato sobre o poder em narrativas contextuais é oferecido não para *inspeção,* mas como motivo de *crença* (Blommaert, 2001: 17; grifos do autor).

Os fragmentos de Van Dijk, Fairclough e Wodak comentados nesta seção sustentam as críticas de Blommaert. Por exemplo, Van Dijk fornece informações aligeiradas a título de contexto e passa, de imediato, a analisar a petição a favor da Microsoft e o discurso de Blair. Fairclough faz o mesmo em relação ao prospecto da Universidade de Lancaster, às conversas entre médicos e pacientes e ao livreto para mulheres grávidas e seus parceiros ou parceiras.

Poderíamos tentar defender a maneira de Van Dijk e Fairclough lidarem com o contexto nesses casos alegando que o foco deles foi bem específico em cada um dos exemplos: Fairclough se concentra na coesão quando analisa o livreto e Van Dijk, nas macroestruturas e microestruturas semânticas quando analisa o discurso de Blair. Essa tentativa, contudo, não teria sucesso, pois os elementos por eles analisados são partes constitutivas dos textos. E os textos, segundo a ACD, devem ser considerados a partir de seus contextos de produção e de recepção. Ou então, a ACD deveria assumir outra posição: para analisar determinados elementos do texto, como os recursos coesivos e as macroestruturas semânticas, o contexto é irrelevante.

A centralidade do contexto, lembra Blommaert, se dá pelo fato de a análise de um texto ser uma entextualização, ou seja, um conjunto de

> processos de retirada do texto do contexto, situando-o em outro contexto e acrescentando-lhe qualificações metapragmáticas, especificando, assim, as condições de como os textos devem ser entendidos, o que eles significam e representam, e assim por diante [...] (Blommaert, 2001: 26).

O contexto, portanto, não deveria ser utilizado como mero pano de fundo para tentar legitimar determinada interpretação.

A dificuldade de lidar com o conceito de contexto não é exclusividade da ACD. A área de educação, por exemplo, também passa por seus perrengues em relação ao conceito de contexto. De acordo com Nina Dohn, Stig Hansen e Søren Klausen (2018), nessa área, embora o conceito de contexto seja tomado como certo, como algo óbvio, está longe de ser claro, não importando se ao termo *contexto* esteja atrelado um modificador como *histórico*, *cultural*, *social* ou *nacional*. Para os autores, existem dois traços funcionais aparentemente aplicáveis a todos os contextos. O primeiro é o papel suplementar do contexto: sem levá-lo em consideração na análise do objeto em foco, esse objeto não seria adequadamente entendido. Talvez seja a consciência desse traço a razão pela qual os teóricos da ACD dão muita importância ao conceito de contexto. O segundo traço funcional é o de que o contexto é determinado em relação ao objeto em foco:

> Uma ampla variedade de objetos focais pode servir para determinar o contexto, a depender da natureza da teoria em questão: pode ser uma pessoa, um processo de aprendizagem, um ato de entendimento, um enunciado, um evento histórico etc. O contexto *se centra* em torno do objeto. O contexto não é uma disposição neutra de coisas ou propriedades próximas ao objeto focal, nem um conjunto de circunstâncias ou um "pano de fundo" indefinido. Ele é ordenado e organizado por suas relações com o objeto focal, que codetermina quais propriedades dos seu entorno são relevantes e, portanto, parte do contexto (Dohn; Hansen; Klausen, 2018; grifo dos autores).

Qual seria, então, uma solução para esse problema de imprecisão semântica em torno do conceito de contexto? Para Dohn, Hansen e Klausen (2018), é necessário fornecer uma definição funcional de contexto, especificando-se qual papel o contexto deve desempenhar, deixando-se em aberto o que pode ocupar esse papel.

Das análises de Fairclough, Van Dijk e Wodak comentadas nesta seção, uma coisa fica clara: a necessidade de a ACD incorporar estudos etnográficos às suas análises para determinar o contexto com mais precisão. Essa necessidade é o foco da próxima seção.

## 3.2 É possível sustentar as interpretações textuais sem um aporte etnográfico?

Em *Discourse and Social Change*, Fairclough critica a excessiva ênfase conferida pela linguística crítica ao texto como produto e a pouquíssima ênfase aos processos de produção e de recepção textuais. Obviamente, ele estava puxando a brasa para sua sardinha, pois sua proposta de análise do discurso inclui a análise desses dois processos na dimensão das práticas discursivas. Para além disso, analisar o processo de produção textual pode ser essencial para o estabelecimento do contexto, e analisar o processo de interpretação textual é fundamental quando se trata de verificar se os efeitos provocados pelos textos são realmente os mesmos especulados e imaginados por analistas do discurso.

Fairclough demonstra ter consciência da importância do aporte etnográfico para a ACD em dois de seus livros.

Em *Discourse and Social Change*, ele faz a seguinte afirmação sobre uma das seções do livro:

> Uma das implicações da posição que adotei nesta seção é a exigência de investigar, separadamente, a maneira como as pessoas interpretam textos em diferentes circunstâncias sociais. Embora o arcabouço que apresentei aponte para a importância de considerar a interpretação em si, deve-se observar que estudos empíricos não estão incluídos neste livro (Fairclough, 2017 [1992]: 86).

Já na introdução a sua coletânea intitulada *Critical Discourse Analysis: The Critical Study of Language*, ele afirma, *en passant*:

> O princípio de que a análise textual deveria ser combinada com a análise de práticas de produção e consumo não tem sido adequadamente operacionalizado nos artigos aqui reunidos. Eu me referi à produção de textos, mas raramente a seu consumo [...] (Fairclough, 1995: 9).

Em seguida, admite a necessidade de unir a análise crítica do discurso de eventos discursivos e a análise etnográfica das estruturas e cenários sociais. Ora, se ele tem consciência da necessidade de lançar mão de técnicas oriundas da pesquisa etnográfica para embasar suas análises e interpretações, por qual razão não o faz, em vez de ficar especulando sobre as reações do público leitor aos textos por ele analisados ou os efeitos desses textos sobre o público? Vejamos dois exemplos das especulações de Fairclough.

O primeiro exemplo encontra-se em *Discourse and Social Change*. Fairclough está comentando uma brochura do Departamento de Comércio e Indústria da Grã-Bretanha com orientações sobre como os empresários devem agir para vender seus produtos. A respeito dessas orientações, ele afirma:

> Alguém poderia, portanto, esperar que os leitores da área de negócios venham a achar essas orientações irritantes e/ou um insulto. Mas suspeito que elas seriam lidas de maneira bem diferente (Fairclough, 2017 [1992]: 132).

Ele poderia dar várias justificativas para sua especulação, sua suspeita, mas, ao fim e ao cabo, uma pergunta permaneceria no ar: com base em que afirma essas coisas? Sem incluir esses leitores em sua pesquisa, ele não terá base nenhuma para fazer tais afirmações e, inevitavelmente, causará desconfiança em relação às suas interpretações.

O outro exemplo está relacionado ao já comentado livreto *The Baby Book*. Depois de definir o conceito de nominalização, Fairclough afirma:

> A linguagem médica, assim como outras linguagens científicas e técnicas, favorece a nominalização, mas ela pode ser abstrata, ameaçadora e mistificadora para pessoas "leigas" como a audiência dessa amostra. Há muitas nominalizações no *The Baby Book*. Alguns exemplos na subseção "A primeira visita" são "uma revisão abrangente de sua saúde", "desordens médicas", "doença renal", "seus problemas de saúde anteriores", "o resultado de sua gravidez", "o desenvolvimento do bebê". A alta frequência de nominalizações é outra indicação da orientação desse texto para uma voz médica (Fairclough, 2017 [1992]: 179).

Essa citação é bastante ilustrativa da maneira pouco rigorosa com a qual Fairclough faz interpretações. Vê-se exagero dramático — ou drama exagerado — em sua afirmação a respeito da nominalização: ela pode ser ameaçadora ou mistificadora. Os exemplos fornecidos por ele mesmo não evidenciam isso. Ele parece querer impor a própria interpretação.

A propósito, ele não está analisando um texto técnico escrito, por exemplo, por uma médica para outros médicos. O objeto de sua análise é um livreto escrito para o público leigo, não para profissionais de saúde. Logo a linguagem ali utilizada certamente não é o mediquês. Para fazer afirmações embasadas sobre as reações dos leitores, Fairclough deveria ter lançado mão de técnicas de etnografia, envolvendo as mulheres grávidas e seus ou suas acompanhantes no momento da análise dos processos de consumo do texto. Sem usar essas técnicas, ele apenas especula, tenta falar em nome de terceiros e propõe uma leitura como a correta.

Esse comportamento especulativo provocou críticas, como a de Slembrouck, para quem tinha havido — até 2001, ano da publicação do artigo sob análise — poucas tentativas de examinar interpretações contextualizadas de participantes reais. Ele acrescenta:

> A ACD tem sido predominantemente baseada em textos e, na melhor das hipóteses, especulativa em suas alegações de como participantes reais tendem a interpretar textos (Slembrouck, 2001: 43).

Quem também faz uma crítica, bastante arguta, à carência de análise da produção e do consumo dos textos e mostra como essa ausência provoca uma contradição foi Breeze (2011: 50):

> [...] até mesmo os especialistas em ACD admitem que os significados ideológicos são frequentemente opacos e têm de ser extraídos com dificuldade pelos analistas do discurso, e, mesmo assim, eles parecem ser comunicados com facilidade ao leitor ou à leitora e capazes de exercerem sutil influência ideológica sobre ele ou ela.

Não por acaso, uma das questões merecedoras de atenção na agenda de investigação da ACD, segundo Wodak (2004: 238), era esta: "Acusação de parcialidade — como justificar e validar certas leituras do texto?".

E uma das pessoas responsáveis por essa acusação de parcialidade certamente é Widdowson. Em um artigo sobre a teoria e a prática da ACD, ele transcreve um trecho da introdução da coletânea de Fairclough, no qual esse analista crítico admite não ter operacionalizado a combinação da análise textual com a análise das práticas de produção e consumo do texto, e o comenta em crivo crítico:

> Mas isso não é uma questão menor para ser mencionada *en passant*. Se essas práticas discursivas não foram adequadamente levadas em conta, as análises textuais, consequentemente, são inadequadas, exatamente porque dissociadas das condições contextuais que lhes dão significância pragmática. Essa admissão pareceria invalidar toda a operação crítica. E, na prática, não se trata apenas de essas condições estarem inadequadamente sendo levadas em conta: elas não são levadas em conta de jeito nenhum. Os produtores e os consumidores dos textos nunca são consultados. Por essa razão, nunca se faz uma tentativa de estabelecer empiricamente o que os escritores poderiam ter pretendido com seus textos. Suas intenções são indiretamente inferidas a partir da própria análise, por referência ao que o analista assume antecipadamente como sendo a posição ideológica do escritor. Também não há nenhuma consulta aos leitores para quem os textos são concebidos. Seu entendimento lhes é atribuído por procuração, o que, com efeito, significa que os analistas usam seleti-

vamente os traços linguísticos do texto para confirmar sua própria preconcepção (Widdowson, 1998: 142-143).

As palavras de Widdowson são duras, mas procedentes. Definitivamente, a integração de um aporte metodológico etnográfico à ACD é uma necessidade incontornável para todas as pesquisas acerca dos efeitos provocados pelos textos selecionados para objeto de análise crítica.

Alguém poderia chamar a atenção para o fato de a crítica de Widdowson ter sido publicada em 1998, a de Slembrouck em 2001 e a admissão de Wodak em 2004 e perguntar se essa questão já não foi resolvida. Em 2012, a integração de um aporte metodológico etnográfico à ACD ainda era ponto de discussão, como se pôde observar na IV Conferência de Abordagens Críticas da Análise do Discurso em Diversas Disciplinas, realizado na Universidade de Minho, Portugal. Michał Krzyżanowski apresentou em uma sessão plenária a conferência intitulada *Ethnography and Critical Discourse Analysis. Towards a Problem-Oriented Interdisciplinary Research Dialogue*[3]. Cinco anos depois da apresentação de Krzyżanowski, Izabel Magalhães, André Ricardo Martins e Viviane Resende escreviam:

> A ADC é, na realidade, um campo de estudo reconhecido internacionalmente, porém, isso não significa que não tenha problemas. Uma das críticas refere-se ao reducionismo de algumas análises, com generalizações baseadas em poucos exemplos, um ponto debatido por Blommaert (2005). Este livro volta-se para a pesquisa sistemática do discurso, pois, para evitar generalizações, precisamos analisar, além dos textos, as práticas de que eles são parte. A análise das práticas, que são de natureza social, demanda pesquisa de campo [...] (Magalhães; Martins; Resende, 2017: 10).

A demanda é por um aporte metodológico etnográfico em ACD para a obtenção de dados que contribuam para a construção do contexto e para a obtenção de dados acerca dos processos de produção, distribuição e consumo dos textos.

Titscher, Meyer, Wodak e Vetter (2007) apresentam alguns princípios caracterizadores dos métodos etnográficos. Um deles se aplica especificamente às pesquisas cujos objetos são textos e diz respeito à

[3] Para ver os resumos das apresentações, acesse o *link*: https://bit.ly/3aluaGe. Acesso: 11 maio 2023.

maneira como a análise textual deve ser conduzida: por meio de perguntas a respeito do texto. Hammersley e Atkinson sugerem as seguintes perguntas sobre os documentos a serem analisados:

> Como os documentos são escritos? Como são lidos? Quem os escreve? Quem os lê? Com quais propósitos? Em quais ocasiões? Com quais resultados? O que é registrado? O que é omitido? O que o autor parece assumir como certo acerca dos leitores? O que os leitores precisam saber para construir sentidos a partir deles? (Hammersley; Atkinson, 1995 *apud* Titscher; Meyer; Wodak; Vetter, 2007: 93).

As duas últimas perguntas são essenciais para se chegar a afirmações embasadas acerca dos efeitos dos textos sobre o público leitor. Fairclough não as respondeu e, por isso, ficou apenas na especulação e sofreu uma forte crítica de Haig, para quem os analistas do discurso não devem confiar na sua própria intuição para fazer afirmações sobre tais efeitos. Devem, isto sim, confiar em uma pesquisa feita diretamente com os sujeitos de pesquisa:

> Como muitas pessoas já apontaram, inclusive, é preciso reconhecer, o próprio Fairclough em publicações mais recentes, a resposta a esse problema reside na etnografia. Mas aqui novamente encontramos um abismo entre a fala e as ações da ACD: fala-se da importância de tais assuntos, mas o ato de arregaçar as mangas e sujar as mãos para realmente produzir o trabalho é severamente inexistente. Enquanto esse abismo não for preenchido, a ACD continuará vulnerável a críticas nesse quesito (Haig, 2011: 144).

A essa altura do campeonato, Haig já deve saber da existência de pesquisas em ACD que incorporam técnicas da etnografia. Um exemplo desses estudos é a pesquisa de Krzyżanowski (2005) sobre a identidade europeia a partir da análise das dimensões discursiva e comunicativa da Convenção Europeia. Conforme lembra Manjarrés (2007), vários estudos têm combinado a ACD com a etnografia.

Essa combinação parece ter sido assumida em ACD por causa das muitas críticas a esse ponto metodológico e serve para dar uma resposta negativa à pergunta que se encontra no título desta seção. Mesmo as pesquisas restritas à verificação da relação entre estruturas sintáticas e parcialidade político-ideológica precisam de uma validação da interpretação propostas pelos pesquisadores. Por exemplo, é plausível que os jornais de grande circulação veiculem notícias sobre um evento conflituoso envolvendo trabalhadores grevistas e a polícia visibilizando sintaticamente o agente de um ato negativo se o agente for o grupo de trabalhadores e o invisibilizando se o agente for a polícia. O analista crítico do discurso pode interpretar essa escolha sintática como uma forma adotada pelos jornais para influenciar seus leitores a ficarem contra os trabalhadores. É uma interpretação plausível, mas é necessário saber como os leitores interpretam essas notícias. E aí só a etnografia pode ajudar a obter essa informação.

Além do contexto e da etnografia, a interdisciplinaridade é outro elemento de destaque nas discussões teóricas sobre a metodologia da pesquisa em ACD. A próxima seção trata exatamente dela.

## 3.3 Quão interdisciplinar é a ACD?

A ACD é uma disciplina independente, como lembram Van Dijk (1990) e Fairclough e Wodak (1995), mas não é uma área de conhecimento homogênea. Apesar disso, suas diferentes abordagens convergem para a ideia segundo a qual a interdisciplinaridade é essencial para as pesquisas nela realizadas como as informações a seguir evidenciam:

(a) Fairclough e Wodak (2005) consideram a ACD interdisciplinar por natureza;
(b) Van Dijk (2015) vê a análise crítica dos problemas sociais como sendo geralmente multidisciplinar;
(c) Wodak (2007) entende toda abordagem na ACD como inerentemente interdisciplinar ou transdisciplinar pelo fato de seu objetivo ser investigar fenômenos sociais complexos, inerentemente interdisciplinares ou transdisciplinares;
(d) Fairclough e Chouliaraki (1999) veem a ACD figurando adequadamente na pesquisa transdisciplinar, em oposição a uma pesquisa meramente interdisciplinar;
(e) Irène Bellier (2005) sustenta que a análise do discurso demanda pluridisciplinaridade;
(f) Wodak e Meyer (2009) veem a necessidade de utilizar uma abordagem multidisciplinar e multimetodológica para as pesquisas em ACD por causa da complexidade dos fenômenos sociais;
(g) Fairclough (2005) acredita haver uma afinidade entre sua visão de dialética do discurso e uma maneira transdisciplinar de conduzir uma pesquisa interdisciplinar.

Apesar desses posicionamentos relacionados à inevitabilidade da interdisciplinaridade nas pesquisas em ACD, Wodak escreveu, em 2004, o seguinte a respeito de uma das questões fundamentais para a agenda de investigação da ACD ainda não adequadamente discutida:

> Ainda não conseguimos tornar a inter ou a transdisciplinaridade uma parte realmente integral das análises textuais (Wodak, 2004: 238).

Essa admissão é significativa por conta de a interdisciplinaridade parecer estar sempre atrelada às pesquisas feitas em ACD. Qual a razão para Wodak ter afirmado isso?

Se não bastasse a inconsistência relacionada às definições do conceito de discurso, conforme demonstrado no primeiro capítulo, falta consistência ao uso do conceito de interdisciplinaridade e de seus derivados, como esses posicionamentos evidenciam. Wodak parece usar os termos *interdisciplinar* e *transdisciplinar* como sinônimos perfeitos. Em 1999, Fairclough, juntamente com Chouliaraki, parecia considerar a transdisciplinaridade algo mais complexo do que a "mera" interdisciplinaridade, mas, em 2005, juntamente com Wodak, ele via a ACD como sendo interdisciplinar por natureza. Van Dijk vê a pesquisa nos estudos críticos do discurso como sendo multidisciplinar. Bellier, por sua vez, usa o termo *pluridisciplinaridade* como sinônimo de *interdisciplinaridade*. Wodak e Meyer defendem uma abordagem multidisciplinar para a investigação dos problemas sociais, objetos da ACD. E, colocando a cereja no bolo da inconsistência conceitual, Fairclough enxerga uma maneira transdisciplinar de conduzir uma pesquisa interdisciplinar...

Talvez resida aí a razão pela qual, segundo Wodak, não se tenha conseguido tornar a interdisciplinaridade ou a transdisciplinaridade parte integral das análises textuais, pois parece não haver consenso quanto à definição de interdisciplinaridade em ACD. Ou talvez realmente exista uma dificuldade inerente em fazer uma pesquisa interdisciplinar por conta da falta de precisão no conceito de discurso, provocando dificuldades para as demais áreas de conhecimento entenderem exatamente o que estariam pesquisando em conjunto com a ACD.

O conceito de interdisciplinaridade tem sido um dos temas mais discutidos no meio acadêmico nos últimos anos. Por essa razão, vale a pena vermos algumas considerações a seu respeito feitas por um teórico da ACD e por outros teóricos fora dessa área de conhecimento.

Comecemos com van Leeuwen (2005), teórico da ACD para quem há três modelos de interdisciplinaridade.

O primeiro é o centralista, modelo da relação entre disciplinas autônomas, no qual uma disciplina busca apenas incorporar técnicas e métodos de outras. Essa forma de contato entre disciplinas é bem superficial e parece ser a forma de interdisciplinaridade mais frequentemente vislumbrada em ACD (e em outras áreas de conhecimento). Por exemplo, segundo Wodak (1996: 17-18), "a ACD é, por natureza, interdisciplinar, ao combinar perspectivas disciplinares diversas em sua análise e ao ser usada para complementar formas predominantes de análises sociais e culturais". Então, bastaria usar elementos de outras disciplinas nas suas pesquisas para que a ACD estivesse pondo a interdisciplinaridade em prática.

O segundo modelo é o pluralista, no qual uma disciplina concentra-se num problema e busca se unir a outras disciplinas como parceiras iguais e independentes no projeto de pesquisa para resolvê-lo, em vez de buscar apenas incorporar elementos delas. A interdisciplinaridade vislumbrada nesse modelo é chamada de pluridisciplinaridade por Helga Novotny, segundo van Leeuwen (2005). Não me lembro de ter visto esse tipo de interdisciplinaridade comentada na descrição metodológica das pesquisas realizadas por Van Dijk, Fairclough e Wodak. Mas isso não significa que outros teóricos da ACD não a tenham praticado em suas pesquisas.

O terceiro modelo apresentado por van Leeuwen é o integracionista. Nele, uma disciplina também elege um problema e une pesquisadores de disciplinas diferentes, todas vistas como interdependentes. Essa interdependência se dá porque o problema não pode ser pesquisado satisfatoriamente por apenas uma disciplina. Também não vi esse tipo de interdisciplinaridade comentada nos textos de ACD aos quais tive acesso.

Vejamos agora algumas considerações feitas por especialistas em interdisciplinaridade. O ponto de partida para essas considerações é exatamente a existência de disciplinas no universo acadêmico, uma existência estreitamente vinculada à fragmentação dos conhecimentos. Na verdade, as disciplinas são a manifestação institucional dessa fragmentação. Segundo Julie Klein (1990), a conotação moderna de disciplinaridade é um produto do século XIX vinculada à evolução das ciências naturais, à cientifização dos conhecimentos, à Revolução Industrial e aos avanços tecnológicos. Ainda de acordo com Klein (1990), à medida que a universidade moderna foi tomando forma, a disciplinaridade foi sendo por ela reforçada de duas maneiras: a demanda das indústrias por especialistas e o recrutamento de estudantes pelas disciplinas.

Nesse sentido, as discussões em torno da multidisciplinaridade, da interdisciplinaridade e da transdisciplinaridade estão calcadas em reflexões que apontam para as supostas limitações impostas pelo modelo universitário baseado na estrutura disciplinar à produção de conhecimentos —que se tornam especializados e, por isso, fragmentados — e à resolução de problemas enfrentados pelas sociedades contemporâneas, os quais não se comportam de acordo com a estrutura das disciplinas. Assim, a interdisciplinaridade é evocada na academia por conta da busca da conjunção de forças para a construção não fragmentada de conhecimentos visando à formação dos estudantes e à resolução de problemas.

E aqui é importante mencionar uma questão apresentada pelo conceito de interdisciplinaridade: sua imprecisão. *Grosso modo*, a palavra *interdisciplinaridade* nos remete à ideia de "entre disciplinas", apontando para o diálogo ou para a interação entre distintas áreas de conhecimentos, um trânsito entre as fronteiras das disciplinas. Contudo, não existe uma definição unanimemente aceita de interdisciplinaridade, algo que não incomoda alguns teóricos, como Joe Moran (*apud* Jacobs, 2013), para quem o valor do termo *interdisciplinaridade* reside exatamente na sua flexibilidade e indeterminação, provocando a existência de diferentes formas de interdisciplinaridade.

A implicação da flexibilidade e da indeterminação conceituais supostamente salutares é bem clara: qualquer tipo de interação entre disciplinas pode ser considerado interdisciplinaridade. Assim, podemos considerar a existência de graus ou de um *continuum* de interdisciplinaridade em termos de interação entre as disciplinas, resultando em nenhuma, em alguma ou em uma elevada integração de métodos e de paradigmas epistemológicos. Nos extremos opostos desse *continuum*, encontram-se a multidisciplinaridade e a transdisciplinaridade.

Por ser o tipo mais fraco e superficial de contato entre disciplinas, a multidisciplinaridade não é sequer considerada interdisciplinaridade por muitos teóricos, como Jacobs (2013) e Japiassu (1976). Nela, cada disciplina mantém sua autonomia (seus valores, suas crenças, seus métodos) e as fronteiras permanecem intactas, pois elas se tocam apenas exteriormente. Em outras palavras, a multidisciplinaridade é a mera justaposição de disciplinas e, exatamente por isso, tem uma natureza aditiva e não integradora. Mesmo que grupos de pesquisa de áreas diferentes se debrucem sobre um mesmo problema, cada um deles trabalhará de forma independente, sem se comunicar uns com os outros, mantendo seus repertórios conceituais e teóricos intactos. O contato entre eles se dará apenas pelo fato de abordarem o mesmo problema.

Em uma versão intermediária de interação entre as disciplinas, ou seja, na interdisciplinaridade propriamente dita, uma equipe é formada por grupos de pesquisa de áreas diferentes, que devem se reunir para comunicarem uns aos outros seus projetos e métodos e buscar estabelecer objetivos comuns e uma lógica operacional. Também não é esse o tipo de interdisciplinaridade vislumbrado por Fairclough ou Wodak, por exemplo.

Já a transdisciplinaridade é a versão mais forte de interação entre disciplinas. Ela aponta para uma transgressão não apenas das fronteiras disciplinares, mas também das fronteiras da universidade, agregando os conhecimentos não institucionalizados àqueles institucionalizados. Inevitavelmente, isso resvala na questão do aporte etnográfico comentada na seção anterior, pois a análise dos processos de produção, distribuição e consumo dos textos requer a participação de pessoas que não são analistas do discurso.

A transdisciplinaridade é entendida por muitos teóricos, Klein, por exemplo, como uma abordagem para conduzir uma pesquisa com base na colaboração sinergética entre duas ou mais disciplinas com altos níveis de integração entre os conjuntos disciplinares de conhecimento. Contudo, Klein ressalva, a adoção de uma perspectiva transdisciplinar não significa o abandono das disciplinas, que são instrumentais para o arcabouço maior exigido pela transdisciplinaridade.

Para teóricos como Klein (1990) e Nicolescu (2014), por exemplo, a transdisciplinaridade é o processo mais adequado para a abordagem dos problemas contemporâneos enfrentados pelas sociedades humanas. Por serem complexos e multifacetados, esses problemas podem ser mais bem entendidos e mais eficientemente resolvidos se forem vistos de maneira holística e não como objetos observacionais artificialmente fragmentados por objetivos estreitos que se adéquem a lentes disciplinares. Por isso, a transdisciplinaridade parece se apresentar como uma tentativa não apenas de estabelecer pontes entre o mundo acadêmico e as necessidades de diferentes grupos sociais, e assim atacar os problemas do mundo real, mas também de transgredir fronteiras, e assim definir um entrelugar no qual a universidade e a comunidade ao redor interajam na busca de soluções.

Não por acaso, Klein (1990) aponta para uma mudança visível provocada pela perspectiva transdisciplinar no universo acadêmico: em vez de perguntarmos: "Qual é um tema aceitável de pesquisa em minha disciplina e como ela vê esse problema?", passamos a perguntar: "Quais questões ou problemas do mundo real precisam ser resolvidos e como eles podem ser abordados em sua totalidade?". Ora, partindo de uma perspectiva transdisciplinar, a universidade fica virtualmente sem muros. A comunidade não acadêmica necessariamente passa a participar do processo de produção de conhecimentos para que os problemas por ela enfrentados possam ser mais bem compreendidos por pesquisadores.

Em suma, não há nada de inerentemente bom ou ruim nas abordagens disciplinar, multidisciplinar, interdisciplinar ou transdisciplinar. O importante é escolher a abordagem mais adequada para o problema a ser solucionado. Um problema essencialmente teórico pode ser adequadamente abordado a partir de uma perspectiva disciplinar ou multidisciplinar. Entretanto, um problema social contemporâneo, complexo e multifacetado, tem mais chances de ser adequadamente resolvido se for abordado a partir de uma perspectiva interdisciplinar mais forte, preferencialmente a perspectiva transdisciplinar. As comunidades não acadêmicas têm muito a contribuir para as pesquisas acadêmicas por estarem diretamente envolvidas nos problemas a serem resolvidos.

Várias outras considerações sobre a interdisciplinaridade poderiam ser apresentadas, com mais ou menos diferenças em relação às apresentadas nesta seção, mas isso serviria apenas para reforçar as evidências da imprecisão do conceito de interdisciplinaridade. Conforme pontua David Morrison:

> Uma revisão da literatura sobre a interdisciplinaridade é, talvez, um trabalho de Sísifo. Além da literatura vasta e de longo alcance sobre a interdisciplinaridade especificamente, há uma literatura ainda mais ampla e diversa sobre a interdisciplinaridade dentro de disciplinas particulares, assim como uma literatura considerável sobre efetivamente os mesmos conceitos sem o uso do termo *interdisciplinaridade* (Morrison, 2015: 22).

Diante disso, seria legítima uma concentração de esforços em ACD para discutir o conceito de interdisciplinaridade, tão caro às pesquisas nessa área, e para estabelecer definições operacionais claras. Consequentemente, os conceitos de multidisciplinaridade e de transdisciplinaridade também seriam esclarecidos e os limites entre eles ficariam mais claros.

Fairclough (2009) nos fornece uma evidência da falta de clareza acerca desses limites. Ele alega ter utilizado um arcabouço transdisciplinar de economia político-cultural em alguns dos seus textos pela combinação de elementos de três disciplinas: uma forma de análise econômica, uma teoria do Estado e uma forma de ACD. Ora, mobilizar uma teoria econômica e uma teoria do Estado provoca um diálogo difícil entre a ACD, a economia e a ciência política, pois as pesquisas feitas nessas duas últimas disciplinas não necessariamente dialogarão com as pesquisas feitas em ACD. Além disso, mobilizar teorias de disciplinas diferentes impõe uma carga muito pesada aos ombros de quem pratica a ACD: é preciso dominar essas teorias para utilizá-las de maneira adequada e produtiva. E como essa transdisciplinaridade evocada por Fairclough difere do modelo centralista de interdisciplinaridade comentado por Leeuwen?

O estabelecimento de definições operacionais deixaria claro o sentido dado aos conceitos de interdisciplinaridade, multidisciplinaridade e transdisciplinaridade usados em ACD. Isso evitaria críticas como a de Manjarrés, voltada contra as pesquisas realizadas apenas por um pesquisador, mesmo com algum aporte etnográfico para estabelecer o contexto necessário para a análise de textos:

> Os projetos realmente interdisciplinares soariam mais realísticos se tais empreendimentos fossem realizados por uma equipe de pesquisa proveniente de diferentes tradições, especialmente daquelas que, de maneira mais sistemática e mais ampla, levam em consideração o contexto do papel dos participantes na interação e na interpretação (Manjarrés, 2007: 236).

Manjarrés está operando aí claramente com o conceito de interdisciplinaridade comentado por Klein e não com o modelo centralista proposto por Leeuwen, o qual é o adotado em muitos trabalhos em ACD, no qual são mobilizadas teorias e métodos sem a formação de equipes inter/multi/trans/disciplinares. Houvessem Fairclough, Van Dijk, Wodak e outros teóricos da ACD não apenas discutido os conceitos de interdisciplinaridade, multidisciplinaridade e transdisciplinaridade, mas também estabelecido definições operacionais claras e precisas desses conceitos, talvez hoje já tivessem conseguido "tornar a inter- ou a transdisciplinaridade uma parte realmente integral das análises textuais", como gostaria Wodak.

Ao final desta seção, podemos retomar seu título: quão interdisciplinar é a ACD? A resposta depende de duas coisas: dos fenômenos estudados e da maneira como se concebe a interdisciplinaridade. Do ponto de vista dos fenômenos estudados, a ACD é profundamente interdisciplinar devido à complexidade e à natureza multifacetada desses fenômenos. Se levarmos em consideração os modelos propostos por Van Leeuwen, mais especificamente o centralista, a ACD é muito interdisciplinar, pois se apropria de técnicas, métodos e teorias oriundos de outras disciplinas. No entanto, se levarmos em consideração a concepção de interdisciplinaridade proposta por Klein, a ACD não tem absolutamente nada a ver com interdisciplinaridade. Em suma, a ACD é e, ao mesmo tempo, não é muito interdisciplinar.

# Conclusão

OS TRÊS CAPÍTULOS DESTE LIVRO trazem críticas à ACD. São críticas mais ou menos duras, porém necessárias para as discussões e reflexões sobre essa forma de fazer análise do discurso. Com base nessas críticas, vislumbro alguns pontos a serem considerados por quem pesquisa em ACD.

## (1) O conceito de discurso

Uma definição operacional clara e precisa de discurso é necessária. Sem ela, os analistas do discurso muito provavelmente estarão escrevendo e falando sobre coisas distintas, acreditando estarem escrevendo e falando sobre a mesma coisa, conforme demonstrado no primeiro capítulo.

Se não se deseja ou se consegue elaborar uma definição operacional, minha sugestão é a adoção daquela proposta por Foucault (2008) em *A arqueologia do saber*: conjunto de enunciados apoiado em um mesmo sistema de formação, em uma mesma formação discursiva.

## (2) O conceito de interdisciplinaridade

Discutir esse conceito e propor uma definição operacional para ele é importante para a ACD por duas razões. A primeira é o fato de Fairclough, Wodak, Van Dijk, Meyer, entre outros, atrelarem as pesquisas em ACD à interdisciplinaridade (ou à transdisciplinaridade ou à multidisciplinaridade). A segunda razão é a natureza dos fenômenos sociais estudados pela ACD: são complexos e multifacetados, e, por isso, exigem a contribuição de disciplinas diferentes para serem adequadamente investigados.

Talvez seja necessário abrir mão da concepção mais fraca de interdisciplinaridade, segundo a qual a ACD apenas incorpora técnicas, métodos e conceitos de outras disciplinas, e adotar uma concepção mais forte de interdisciplinaridade, segundo a qual os teóricos da ACD precisariam criar equipes com pesquisadores de outros campos.

## (3) O contexto e o aporte etnográfico

Quem pesquisa em ACD trabalha com textos e os analisa e, muitas vezes, especula sobre os efeitos produzidos pelos textos. Essa especulação gera, inevitavelmente, muitas críticas. Para evitá-las, os contextos de produção, de circulação e de consumo dos textos precisam ser cuidadosamente abordados. O uso de técnicas oriundas da etnografia é fundamental para essa análise e, vale lembrar, já existem analistas críticos no Brasil e em outros países que recorrem à etnografia em suas pesquisas, mas ainda existem outros que não a utilizam.

Nesse sentido, é importante reforçar que os analistas críticos do discurso precisam evitar especulações e realizar interpretações baseadas em dados coletados a partir, por exemplo, da aplicação de questionários e da realização de entrevistas com quem produz, veicula e consome os textos.

Isso evitaria críticas e daria mais validade e legitimidade às interpretações dos textos analisados. E perguntas como esta de Haig (2004) seriam evitadas também: a ACD produz conhecimentos válidos?

## (4) A agenda emancipadora

A agenda original da ACD é louvável, composta por objetivos políticos de grande valia e necessidade, como extinguir as desigualdades sociais e econômicas e ajudar as pessoas a se livrarem das diferentes formas de dominação. Infelizmente, o ato de analisar discursos criticamente, por si só, não leva ao atingimento desses objetivos, pois os resultados concretos das pesquisas realizadas em ACD são, *grosso modo*, de dois tipos: a publicação de artigos, livros e coletâneas e a apresentação de palestras, conferências e comunicações em eventos acadêmicos. Em outras palavras, os resultados das pesquisas em ACD geralmente circulam de maneira bem restrita, intramuros da universidade.

Isso não significa que os textos não possam provocar efeitos na sociedade: os repórteres da grande mídia impressa e dos telejornais de grande audiência são capazes de provocar efeitos sociais concretos. Já quem analisa notícias e matérias publicadas nesses veículos e publica artigos e capítulos em coletâneas sobre essas análises tende a não provocar efeitos sociais concretos por falta do poder simbólico que a grande mídia detém.

Se a militância pretendida pela ACD ficar restrita aos muros da universidade, ela praticamente não produzirá efeitos sociais. Por essa razão, seria mais interessante para quem pratica a ACD abrir mão de uma agenda política grandiosa, mas inexequível, e adotar outros objetivos, como contribuir para a formação de professores responsáveis pela formação de leitores críticos. Um objetivo como esse não apenas caminha na mesma trilha da agenda crítica do início da ACD, como é também exequível. Afinal, como lembra Van Dijk (2008: 34), os estudos críticos do discurso:

> [...] podem e devem intervir na educação discursiva de profissionais para mostrar como os discursos públicos das elites podem influenciar as mentes dos cidadãos e como tal influência exerce um papel na reprodução da estrutura social.

### (5) Tendenciosidade

Assumir, como o fez Van Dijk, a tendenciosidade da ACD por conta de sua agenda emancipadora provoca uma desconfiança desnecessária em quem está fora dessa área de conhecimento. Talvez seja melhor não apenas parar de afirmar isso com frases de efeito (por exemplo: "A ACD é tendenciosa e se orgulha disso!"), mas também demonstrar, por meio de evidências, por meio de dados coletados, que o engajamento político de quem pratica a ACD não interfere nas análises, não invalida as interpretações.

### (6) Respeito pelos não analistas do discurso

A grande maioria do público leitor existente no mundo não estudou como fazer análise crítica do discurso. Isso não significa, contudo, que não consiga ler nas entrelinhas ou perceber discursos naturalizados sendo veiculados em diversos textos. Por isso, quem pratica a ACD precisa respeitar esse público, abdicar da posição de ocupantes de uma torre de marfim cuja tarefa seria interpretar os textos para quem está fora dos muros da universidade.

Como esse respeito pode ser atingido? Simples: como lembra Manjarrés (2007), basta aos teóricos pararem de idealizar leitores acríticos, supostamente incapazes de inferir as informações não explícitas nos textos.

# Referências

ARAÚJO, I. (2004). **Do signo ao discurso**: introdução à filosofia da linguagem. 2. ed. São Paulo: Parábola Editorial.

BARTHES, R. (2004). A morte do autor. *In*: BARTHES, R. **O rumor da língua**. Trad.: M. Laranjeira. 2. ed. São Paulo: Martins Fontes. p. 57-68.

BAUDIN, J. (2023). **Mother-infant relations in different ethnic groups living in London**. 1981. 459 f. Tese (Doutorado em Filosofia) — Universidade de Londres, Londres, 1981. Disponível em: https://core.ac.uk/download/pdf/78864848.pdf. Acesso em: 11 maio 2023.

BEAUGRANDE, R.-A.; DRESSLER, W. U. (1997 [1981]). **Introducción a la lingüística del texto**. Barcelona: Ariel.

BELLIER, I. (2005). Anthropology of institutions and discourse analysis: looking into interdisciplinarity. *In*: WODAK, R; CHILTON, P. (orgs.). **A new agenda in (critical) discourse analysis**: theory, methodology and interdisciplinarity. Amsterdam-Philadelphia: John Benjamins. p. 243-267.

BLOMMAERT, J. (2001). Context is/as critique. **Critique of anthropology**, v. 21, n. 1, p. 13-32.

BREEZE, R. (2011). Critical discourse analysis and its critics. **Pragmatics**, v. 21, n. 4, p. 493-525.

CAMERON, D.; KULICK, D. (2009). **Language and sexuality**. 7. imp. Cambridge: Cambridge University Press.

CANALE, M. (1990 [1983]). From communicative competence to communicative language pedagogy. *In*: RICHARDS, J.; SCHMIDT, R. (orgs). **Language and communication**. 5. imp. Singapura: Longman. p. 2-27.

CHOMSKY, N. (1980 [1957]). **Estruturas sintácticas**. Trad.: M. Ferreira. Lisboa: Edições 70.

CHOULIARAKI, L.; FAIRCLOUGH, N. (2001). **Discourse in late modernity**: rethinking critical discourse analysis. reimp. Edimburgo: Edinburgh University Press.

DOHN, N.; HANSEN, S.; KLAUSEN, S. (2018). On the concept of context. **Education Science**, v. 8, n. 3. Disponível em: https://www.mdpi.com/2227-7102/8/3/111. Acesso em: 15 maio 2023.

EAGLETON, T. (1998). **As ilusões do pós-modernismo**. Trad.: E. Barbosa. Rio de Janeiro: Jorge Zahar Editor.

ECO, U. (1997). **Como se faz uma tese**. 13. ed. Trad.: G. C. de Souza. São Paulo: Perspectiva.

ECO, U. (2001). Interpretação e história. *In*: ECO, U. **Interpretação e superinterpretação**. São Paulo: Martins Fontes. p. 27-51.

ECO, U. (2011). **Apocalípticos e integrados**. 7. ed. Trad.: P. de Carvalho. São Paulo: Perspectiva.

FAIRCLOUGH, N. (1989). **Language and power**. Singapura: Longman.

FAIRCLOUGH, N. (1992). Discourse and text: linguistic and intertextual analysis within discourse analysis. **Discourse & Text**, v. 3, n. 2, p. 193-217.

FAIRCLOUGH, N. (1995). General introduction. *In*: FAIRCLOUGH, N. **Critical discourse analysis**: the critical study of language. Malásia: Longman. p. 1-20.

FAIRCLOUGH, N. (1996a). Technologisation of discourse. *In*: CALDAS-COULTHARD, C. R.; COULTHARD, M. (orgs.). **Texts and practices**: readings in critical discourse analysis. London: Routledge. p. 71-83.

FAIRCLOUGH, N. (1996b). A reply to Henry Widdowson's 'Discourse analysis: a critical view'. **Language and Literature**, v. 5, n. 1, p. 49-56.
FAIRCLOUGH, N. (2001). Critical discourse analysis as a method in social scientific research. *In*: WODAK, R.; MEYER, M. (orgs.). **Methods of critical discourse analysis**. London: Sage Publications. p. 121-138.
FAIRCLOUGH, N. (2003). **Analysing discourse**: textual analysis for social research. London: Routledge.
FAIRCLOUGH, N. 2009). A dialectical-relational approach to critical discourse analysis in social research. *In*: WODAK, R.; MEYER, M. (orgs.). **Methods of discourse analysis**. 2. ed. London · Thousand Oaks · New Delhi: Sage. p. 162-186.
FAIRCLOUGH, N. (2017 [1992]). **Discourse and social change**. Cambridge: Polity Press.
FAIRCLOUGH, N.; WODAK, R. (2005). Análisis crítico del discurso. *In*: VAN DIJK, T. (org.). **El discurso como interacción social**: estudios sobre el discurso II. Una introducción multidisciplinaria. 2. reimp. Barcelona: Gedisa Editorial.
FERNANDES, C. (2012). **Discurso e sujeito em Foucault**. São Paulo: Intermeios.
FISH, S. (1989). Being interdisciplinary is so very hard to do. **Profession**, p. 15-22.
FOUCAULT, M. (2005). **Em defesa da sociedade**: curso no Collège de France (1975-1976). 4. tir. Trad.: M. E. Galvão. São Paulo: Martins Fontes.
FOUCAULT, M. (2008). **A arqueologia do saber**. Trad.: L. F. Neves. 7. ed. Rio de Janeiro: Forense Universitária.
FOWLER, R. (2007). **Language in the news**: discourse and ideology in the press. 10. reimp. Nova Iorque: Routledge.
FRANCHI, C. (2011). Linguagem: atividade constitutiva. *In*: FRANCHI, E.; FIORIN, J. L. (orgs.). **Linguagem: atividade constitutiva**: teoria e poesia. São Paulo: Parábola Editorial. p. 33-74.
GREGORY, R. (1995). Editorial. **Perception**, v. 5, p. 977-980.
GUIMARÃES, E. (2013). **Texto, discurso e ensino**. 2. reimp. São Paulo: Contexto.
HAIG, E. (2004). Some observations on the critique of Critical Discourse Analysis. **Studies in Language and Culture**, v. 24, n. 4, p. 129-143.
HAMMERSLEY, M. (1997). On the foundations of critical discourse analysis. **Language & Communication**, v. 17, n. 3, p. 237-248.
HOUAISS, A. (2001). **Grande dicionário Houaiss da língua portuguesa**. Rio de Janeiro: Objetiva.
HYMES, D. (1991 [1978]). On communicative competence. *In*: BRUMFIT, C; JOHNSON, K. (org.). **The communicative approach to language teaching**. 7. imp. Hong Kong: Oxford University Press. p. 3-26.
JACOBS, J. (2013). **In defense of disciplines**: interdisciplinarity and specialization in the research university. Chicago: The University of Chicago Press.
JAPIASSU, H. (1976). **Interdisciplinaridade e patologia do saber**. Rio de Janeiro: Imago.
KLEIN, J. (1990). **Interdisciplinarity**: history, theory, and practice. Detroit: Wayne State University Press.
KRESS, G. (1996). Representational resources and the production of subjectivity: questions for the theoretical development of critical discourse analysis in a multicultural society. *In*: CALDAS-COULTHARD, C. R.; COULTHARD, M. (orgs.). **Texts and practices**: readings in critical discourse analysis. Londres: Routledge. p. 15-31.

KRESS, G.; VAN LEEUWEN, T. (2010). **Multimodal discourse**: the modes and media of contemporary communication. Londres: Bloomsbury Academic.

KRZYŻANOWSKI, M. (2005). 'European identity wanted!': on discursive and communicative dimensions of the European Convention. *In*: WODAK, R.; CHILTON, P. (orgs.). **A new agenda in (critical) discourse analysis**: theory, methodology and interdisciplinarity. Amsterdam; Philadelphia. p. 137-163.

LUKE, A. (2002). Beyond science and ideology critique: developments in critical discourse analysis. **Annual Review of Applied Linguistics**, v. 22, p. 96-110.

MAGALHÃES, I.; MARTINS, A. R.; RESENDE, V. (2017). **Análise de discurso crítica**: um método de pesquisa qualitativa. Brasília: Editora Universidade de Brasília.

MAINGUENEAU, D. (1977). **Novas tendências em análise do discurso**. 3. ed. Trad.: F. Indursky, S. M. Gallo, M. G. de Moraes. Campinas: Pontes · Editora da Universidade Estadual de Campinas.

MANJARRÉS, N. B. (2007). Critical discourse analysis: a review of the critique. **Lenguaje**, v. 35, n. 1, p. 219-242.

MARCUSCHI, L. A. (2003). **Da fala para a escrita**: atividades de retextualização. 4. ed. São Paulo: Cortez.

MORRISON, D. (2015). **The underdetermination of interdisciplinarity**: theory and curriculum design in undergraduate higher education. 258ff. Tese. (Doutorado em Filosofia) — Universidade de Glasgow, Glasgow.

MAUTNER, G. (2009). Checks and balances: how corpus linguistics can contribute do CDA? *In*: WODAK, R.; MEYER, M. (orgs.). **Methods of critical discourse analysis**. 2. ed. London · Thousand Oaks · New Delhi: Sage. p. 122-143.

NICOLESCU, B. (2014). **O manifesto da transdisciplinaridade**. 3. reimp. Trad.: L. P. de Souza. São Paulo: TRIOM.

OLIVEIRA, L. A. (2004). Os limites semânticos de Humpty-Dumpty. **A Cor das Letras**, v. 5, n. 1, p. 166-178. Disponível em: https://bit.ly/3VUzVns. Acesso em: 11 maio 2023.

OLIVEIRA, L. A. (2017). **Manual de semântica**. 3. ed. Petrópolis: Vozes.

OLIVEIRA, L. A. (2015). **Aula de inglês**: do planejamento à avaliação. São Paulo: Parábola Editorial.

PATTERSON, A. (1997). Critical discourse analysis: a condition of doubt. **Discourse**: studies in the cultural politics of education, v. 18, n. 3, p. 425-435.

PENNYCOOK, A. (1994). Incommensurable discourses. **Applied Linguistics**, v. 15, n. 2, p. 115-138.

PENNYCOOK, A. (2001). **Critical applied linguistics:** a critical introduction. Mahwah: Lawrence Erlbaum Associates.

POSSENTI, S. (2009). **Os limites do discurso**: ENSAIOS SOBRE DISCURSO E SUJEITO. SÃO PAULO: PARÁBOLA EDITORIAL.

REISIGL, M.; WODAK, R. (2009). THE DISCOURSE HISTORICAL APPROACH (DHA). *In*: WODAK, R.; MEYER, M. (orgs.). **Methods of critical discourse analysis**. 2. ed. London · Thousand Oaks · New Delhi: Sage. p. 87-121.

SCHEGLOFF, E. (1997). Whose text? Whose context? **Discourse & Society**, v. 8, n. 9, p. 165-187.

SILVA, J. O. (2016). **Discurso político-eleitoral**: competência prática, capital político e estratégias discursivas. Cascavel: EDUNIOESTE.

SLEMBROUCK, S. (2001). Explanation, interpretation and critique in the analysis of discourse. **Critique of Anthropology**, v. 2, n. 1, p. 33-57.

STUBBS, M. (1997). Whorf's children: critical comments on critical discourse analysis (CDA). *In*: RYAN, A.; WRAY, A. (orgs.). **Evolving models of language**: papers from the annual meeting of the British Association for Applied Linguistics held at the University of Wales, Swansea, setembro, 1996. Clevedon: Multilingual Matters. p. 100-116.

TITSCHER, S.; MEYER, M.; WODAK, R.; VETTER, E. (2007). **Methods of text and discourse analysis**. London: Sage.

TOOLAN, M. (1997). What is critical discourse analysis and why are people saying such terrible things about it? **Language and Literature**, v. 6, n. 2, p. 83-103.

ULLMANN, S. (1964). **Semântica**: uma introdução à ciência do significado. 2. ed. Trad.: J. A. Osório Mateus. Lisboa: Fundação Calouste Gulbenkian.

VAN DIJK, T. (1996a). **Cognição, discurso e interação**. 2. ed. São Paulo: Contexto.

VAN DIJK, T. (1996b). **Ideology**: a multidisciplinary approach. Trowbridge: Sage Publications.

VAN DIJK, T. (2001). Multidisciplinary CDA: a plea for diversity. *In*: WODAK, R.; MEYER, M. (orgs.). **Methods of critical discourse analysis**. London: Sage Publications. p. 95-120.

VAN DIJK, T. (2005). Contextual knowledge management in discourse production: a CDA perspective. *In*: WODAK, R.; CHILTON, P. (orgs.). **A new agenda in (critical) discourse analysis**: theory, methodology and interdisciplinarity. Amsterdam; Philadelphia. p. 71-100.

VAN DIJK, T. (2008a). **Discurso e poder**. São Paulo: Contexto.

VAN DIJK, T. (2008b). Introdução. *In*: VAN DIJK, T. (org.). **Racismo e discurso na América Latina**. São Paulo: Contexto. p. 11-24.

VAN DIJK, T. (2009). Critical discourse studies: a sociocognitive approach. *In*: WODAK, R.; MEYER, M. (orgs.). **Methods of critical discourse analysis**. 2. ed. London · Thousand Oaks · New Delhi: Sage. p. 62-86.

VAN DIJK, T. (2015). Critical discourse analysis. *In*: TANNEN, D.; HEIDI, H.; SCHIFFRIN, D. (orgs.). **The handbook of discourse analysis**. v. 1. 2. ed. Hoboken: John Wiley & Sons. p. 466-485.

VAN LEEUWEN, T. (2005). Three models of interdisciplinarity. *In*: WODAK, R.; CHILTON, P. (orgs.). **A new agenda in (critical) discourse analysis**: theory, methodology and interdisciplinarity. Amsterdam; Philadelphia. p. 3-18.

VERSCHUEREN, J. (2001). Predicaments of criticism. **Critique of anthropology**, v. 21, n. 1, p. 59-81.

WIDDOWSON, H. (1995). Discourse analysis: a critical view. **Language and literature**, v. 4, n. 3, p. 157-172.

WIDDOWSON, H. (1996). Reply to Fairclough: discourse and interpretation: conjectures and refutations. **Language and Literature**, v. 5, n. 1, p. 57-69.

WIDDOWSON, H. (1998). The theory and practice of critical discourse analysis. **Applied Linguistics**, v. 19, n. 1, p. 136-151.

WIDDOWSON, H. (2004). **Text, context, pretext**: critical issues in discourse analysis. Hong Kong: Blackwell Publishing.

WODAK, R. (1996). **Disorders of discourse**. Singapura: Addison Wesley Longman.

WODAK, R. (2004). Do que trata a ACD — um resumo de sua história, conceitos importantes e seus desenvolvimentos. **Linguagem em (Dis)curso** — LemD, Tubarão, v. 4, n. esp, p. 223-243.

WODAK, R. (2007). What is critical discourse analysis? Entrevista a Gavin Kendall. **Forum**: Qualitative Social Research, v. 8, n. 2.

WODAK, R.; WEISS, G. (2005). Analyzing European Union discourses. *In*: WODAK, R.; CHILTON, P. (orgs.). **A new agenda in (critical) discourse analysis**: theory, methodology and interdisciplinarity. Amsterdam; Philadelphia. p. 71-100.

WODAK, R.; MEYER, M. (2009). Critical discourse analysis: history, agenda, theory and methodology. *In*: WODAK, R.; MEYER, M. (orgs.). **Methods of critical discourse analysis**. 2. ed. London · Thousand Oaks · New Delhi: Sage. p. 1-43.

# Índice de nomes

## Coleção Lingua[gem]

1. *Português ou brasileiro? Um convite à pesquisa*, Marcos Bagno
2. *Linguagem & comunicação social*, Manoel Luiz Gonçalves Corrêa
3. *Por uma linguística crítica*, Kanavillil Rajagopalan
4. *Educação em língua materna: a sociolinguística na sala de aula*, Stella Maris Bortoni-Ricardo
5. *Sistema, mudança e linguagem*, Dante Lucchesi
6. *"O português são dois"*, Rosa Virgínia Mattos e Silva
7. *Ensaios para uma sócio-história do português brasileiro*, Rosa Virgínia Mattos e Silva
8. *A linguística que nos faz falhar*, Kanavillil Rajagopalan & Fábio Lopes da Silva [orgs.]
9. *Do signo ao discurso*, Inês Lacerda Araújo
10. *Ensaios de filosofia da linguística*, José Borges Neto
11. *Nós* cheguemu *na escola, e agora?*, Stella Maris Bortoni-Ricardo
12. *Doa-se lindos filhotes de* poodle, Maria Marta Pereira Scherre
13. *A geopolítica do inglês*, Yves Lacoste [org.]
14. *Gêneros*, José Luiz Meurer, Adair Bonini & Désirée Motta-Roth [orgs.]
15. *O tempo nos verbos do português*, Mª Luiza M. S. Corôa
16. *Considerações sobre a fala e a escrita*, Darcilia Simões
17. *Princípios de linguística descritiva*, Mário A. Perini
18. *Fundamentos empíricos para uma teoria da mudança linguística*, U. Weinreich, W. Labov & M. I. Herzog
19. *Por uma linguística aplicada indisciplinar*, Luiz Paulo da Moita Lopes
20. *Origens do português brasileiro*, Anthony Julius Naro & Maria Marta Pereira Scherre
21. *Introdução à gramaticalização*, Sebastião Carlos Leite Gonçalves, Mª Célia Lima-Hernandes & Vânia Cristina Casseb-Galvão [orgs.]
22. *O acento em português*, Gabriel Antunes de Araújo [org.]
23. *Sociolinguística quantitativa*, Gregory R. Guy & Ana Maria Stahl Zilles
24. *Metáfora*, Tony Berber Sardinha
25. *Norma culta brasileira*, Carlos Alberto Faraco
26. *Padrões sociolinguísticos*, William Labov
27. *Gênese dos discursos*, Dominique Maingueneau
28. *Cenas da enunciação*, Dominique Maingueneau
29. *Estudos de gramática descritiva*, Mário A. Perini
30. *Caminhos da linguística histórica*, Rosa Virgínia Mattos e Silva
31. *Limites do discurso*, Sírio Possenti
32. *Questões para analistas do discurso*, Sírio Possenti
33. *Linguagem & diálogo*, Carlos Alberto Faraco
34. *Nomenclatura Gramatical Brasileira*, Claudio Cezar Henriques
35. *Língua na mídia*, Sírio Possenti
36. *Malcomportadas línguas*, Sírio Possenti
37. *Linguagem. Gênero. Sexualidade*, Ana Cristina Ostermann & Beatriz Fontana [orgs.]
38. *Em busca de Ferdinand de Saussure*, Michel Arrivé
39. *A noção de "fórmula" em análise do discurso*, Alice Krieg-Planque
40. *Geolinguística*, Suzana Alice Marcelino Cardoso
41. *Doze conceitos em análise do discurso*, Dominique Maingueneau
42. *O discurso pornográfico*, Dominique Maingueneau
43. *Falando ao pé da letra*, Roxane Rojo
44. *Nova pragmática*, Kanavillil Rajagopalan
45. *Bakhtin desmascarado*, Jean-Paul Bronckart & Cristian Bota
46. *Gênero textual, agência e tecnologia*, Carolyn R. Miller
47. *Linguística de texto: o que é e como se faz?*, Luiz Antônio Marcuschi
48. *A gramática passada a limpo*, Maria Helena de Moura Neves
49. *O sujeito em peças de teatro (1833-1992)*, Maria Eugênia Lammoglia Duarte [org.]
50. *Português no século XXI*, Luiz Paulo da Moita Lopes [org.]
51. *Da linguística formal à linguística social*, Roberto G. Camacho
52. *Estudos do discurso*, Luciano Amaral Oliveira [org.]
53. *Gênero – história, teoria, pesquisa, ensino*, Anis B. Bawarshi & Mary Jo Reiff
54. *Introdução à teoria enunciativa de Benveniste*, Valdir do Nascimento Flores
55. *Linguística aplicada na modernidade recente*, Luiz Paulo da Moita Lopes [org.]
56. *Gramáticas contemporâneas do português*, Maria Helena de Moura Neves & Vânia Cristina Casseb-Galvão
57. *Letramentos sociais, na etnografia e na educação*, Brian V. Street
58. *A ordem das palavras no português*, Erotilde Goreti Pezatti
59. *Frases sem texto*, Dominique Maingueneau
60. *Espanhol e português brasileiro*, Adrián Pablo Fanjul & Neide Maia González [orgs.]
61. *Sujeitos em ambientes virtuais*, Maria Cecilia Mollica, Cynthia Patusco & Hadinei Ribeiro Batista [orgs.]
62. *Vološinov e a filosofia da linguagem*, Patrick Sériot
63. *A história das línguas*, Tore Janson
64. *Discurso e análise do discurso*, Dominique Maingueneau
65. *Sobre a fala dialogal*, Lev Jakubinskij
66. *Retórica da ação letrada*, Charles Bazerman
67. *Teoria da ação letrada*, Charles Bazerman
68. *Unidade e variação na língua portuguesa*, André C. Valente
69. *Linguística funcional*, Maria Angélica Furtado da Cunha, Mariangela R. de Oliveira & Mário Eduardo Martelotta [orgs.]
70. *O texto e seus conceitos*, Ronaldo de Oliveira Batista [org.]
71. *Gramáticas brasileiras*, Carlos Alberto Faraco & Francisco Eduardo Vieira [orgs.]
72. *Saussure, o texto e o discurso*, Marcio Alexandre Cruz, Carlos Piovezani & Pierre-Yves Testenoire [orgs.]
73. *O efeito Saussure*, Carlos Alberto Faraco [org.]
74. *Dinâmicas funcionais da mudança linguística*, Marcos Bagno, Vânia Casseb-Galvão & Tânia F. Rezende [orgs.]
75. *Gêneros no contexto brasileiro*, Benedito Gomes Bezerra
76. *A pessoa no discurso*, Adrián Pablo Fanjul
77. *O todo da língua*, Vânia Casseb-Galvão & Maria Helena de Moura Neves [orgs.]
78. *Saussure e Benveniste no Brasil*, Valdir do Nascimento Flores
79. *Mikhail Bakhtin*, Alastair Renfrew
80. A *gramática tradicional – História crítica*, Francisco Eduardo Vieira
81. *Filologia, história e língua – Olhares sobre o português medieval*, Leonardo Lennertz Marcotulio; Célia Regina dos Santos Lopes; Mário Jorge da Motta Bastos & Thiago Laurentino de Oliveira
82. *Qual política linguística? Desafios glotopolíticos contemporâneos*, Xoán Carlos Lagares
83. *Análise de discurso crítica – para linguistas e não linguistas*, José Ribamar Lopes Batista Jr.; Denise Tamaê Borges Sato & Iran Ferreira de Melo [orgs.]
84. *A linguística, o texto e o ensino da língua*, José Carlos Azeredo
85. *Língua portuguesa – Tradições e modernidade*, Tania Maria N. de L. Camara; Denise S. Santos; Flávio de A. Barbosa & Alexandre do A. Ribeiro [orgs.]
86. *Objeto Língua – Inéditos e revisitados*, Marcos Bagno
87. *NURC – 50 anos*, Miguel Oliveira Jr. [org.]
88. *O dialeto caipira*, Amadeu Amaral
89. *Variações sobre o ethos*, Dominique Maingueneau
90. *O sujeito gramatical no português brasileiro – expressão, concordância, ergatividade e afetamento*, Vânia Cristina Casseb-Galvão; Gian Luigi De Rosa; Kleber Aparecido Silva & Lennie Aryete Pereira Bertoque [org.].
91. *História das línguas, história da linguística – homenagem a Carlos Alberto Faraco*, Marcos Bagno e Francisco E. Vieira [org.]
92. *O português daqui, dali e de lá – por uma língua que nos una*, Denise Salim dos Santos & Flávio de Aguiar Barbosa [org.]
93. *Constelação de gêneros – a construção de um conceito*, Júlio Araújo
94. *Discurso e (pós)verdade*, Luzmara Curcino, Vanice Sargentini & Carlos Piovezani [org.]
95. *Linguagem "neutra": língua e gênero em debate*, Fábio Ramos B. Filho & Gabriel de Ávila Othero [org.]
96. *O que sabemos sobre a linguagem*, Gabriel de Ávila Othero, Valdir do Nascimento Flores [org.]
97. *O gênero como ele é (e como não é): conceitos e aplicações*, Benedito Gomes Bezerra
98. *Estudos queer em linguística aplicada INdisciplinar: gênero, sexualidade, raça e classe*, Luiz Paulo da Moita Lopes, Clarissa Rodrigues Gonzalez, Glenda Cristina Valim de Melo, Thayse Figueira Guimarães [orgs.]
99. *Enunciados aderentes*, Dominique Maingueneau
100. *Crítica à análise crítica do discurso*, Luciano Amaral Oliveira

Esta obra foi composta em Magneta 11/15
e impressa em papel Avena 70g
para a **Parábola Editorial** em setembro de 2023.

**Impressão e acabamento:**
Gráfica Paym